진심골프

초판 1쇄 인쇄 2022년 9월 23일
초판 1쇄 발행 2022년 10월 3일

지은이 강찬욱

펴낸이 김찬희
펴낸곳 끌리는책

출판등록 신고번호 제25100-2011-000073호
주소 서울시 구로구 연동로 11길 9, 202호
전화 영업부 (02)335-6936 편집부 (02)2060-5821
팩스 (02)335-0550
이메일 happybookpub@gmail.com
페이스북 www.facebook.com/happybookpub/
블로그 blog.naver.com/happybookpub

ISBN 979-11-87059-80-6 03690
값 18,000원

골프 잘 하고 싶은 마음
골프 더 알고 싶은 마음

진심골프

강찬욱

끌리는책

나는 골프에 진심이다

살다 보면 그 어느 것보다 진심인 것이 있다.

사랑하는 사람에게 진심이었고, 미래를 향한 준비에 진심이었다.

때론 독서에 진심이었고,

야구에 진심이었고, 하드 록에 진심이었다.

진심에도 유통기한이 있어서

무언가를 달성하고 나면 변심하기도 한다.

진심을 알아주지 않는 대상에 지쳐

진심의 여정에서 도중에 내리기도 한다.

사랑이 식듯 진심도 식는다.

생각해보면 골프만큼 진심이 끝까지, 오래 가는 것이 없는 듯하다.

나는 골프를 처음 시작했을 때도 진심이었고, 지금도 진심이다.

♪ 진심골프

무언가를 진심으로 사랑하면

더 많은 것을 알고 싶다.

세상의 모든 진심은 궁금한 것에서 출발한다.

'골프는 어디서 처음 시작했을까?'

'골프는 왜 18홀인 걸까?'

'골프는 왜 어려운 걸까?'

스스로 질문하고 스스로 대답한 글이다.

몰라도 되는 것도 있지만,

알면 더 사랑하게 되는 것들이다.

우리는 골프에 진심인 편이기에….

contents

03 아는 데, 아는 데, 안 된다

04 연습은 실전처럼, 실전은 연습처럼

1부

골프에 진심이라면

"어느 날 아들과 라운드를 하는데 아들이 '올드코스'에 가보고 싶다고 했다.
참 반가운 소리였다. …
바람과 황량함과 함께 링크스 코스의 더블 그린에서 아들과 플레이하고 싶다."

세인트 앤드류스 올드코스
사진 : pixabay

01

우리는 골프에
진심이다

어느 날 지인이 톡을 보내왔다. 드디어 골프를 시작했다고 한다. 자신의 첫 스윙을 찍어서 보내왔다. 평소에 골프를 강권했던 터라 일단 반가웠다. 그가 몇 년째 골프를 시작하지 않은 첫 번째 이유는 바빠서다. 야근과 밤샘 작업을 수도 없이 하는 업무 특성상 도저히 골프 할 짬이 나지 않는다고 했다. 혹시 그가 중간에 포기하거나 흥미를 잃을까 봐 그와 같은 회사에 다니는 친구에게 "옆에서 계속할 수 있도록 잘 격려해줘라"라고 말했다. 그랬더니 이 친구가 간단명료하게 정리해버렸다. "골프채 한번 들기는 어렵지만, 다시 내려놓기는 더 어렵다"라고. 그렇다. 시작한 이유는 달라도 일단 문을 열고 들어가면 대부분 골프의 매력에 빠지게 된다. 심지어 "이 재밌는 걸 너희들끼리 했단 말이야? 왜 나한테 진작에 시작하라고 안 했어?"라며 주변을 원망하기도 한다. 골프 하라는 소리는 시도 때도 없이 들었으면서도 말이다.

우리는 왜 골프에 빠지는가. 첫 번째 이유는 '손맛'이다. 개인적인 의견이다. 골프의 손맛은 낚시의 손맛에 지지 않는다. 이는 단순히 '잘 맞았다'라는 표현으로 부족하다. '제대로 맞았어'를 비롯해, '잘 들어갔어', '묵직하게 맞았어', 심지어 '찰지게 맞았어'라는 표현도 한다. 그 맛에는 중독성이 있다. 우리를 다시 골프공 앞에 부르고 그 공을 때리게 한다. 골프공이 하늘로 날아가는 '비행'도 우리가 골프에 빠지는 이유다. 드라이버는 200미터 넘게 공이 날아간다. 세상에 어떤 볼이 그렇게 멀리 날아가는가? 잠실야구장 좌우 펜스 100미터와 비교해보자. 탄도가 높이 뜬 공은 하늘을 찌를 듯 아름답다. 내가 친 볼이 똑바로 멀리, 혹은 약간의 커브를 그리며 비행하는 것을 봤는데 어찌 골프에 빠지지 않을 수 있겠는가?

골프 시작하고 인생 첫 라운드를 나간다. 어떤 이는 태어나서 처음 보는 넓디넓은 잔디의 물결이다. 홀마다 한 홀 한 홀 새로운 정원이 펼쳐있다. 이 홀들을 걸으며 우리는 위기를 극복하고 기회를 살리며 플레이한다. 누가 봐도 위기인 상황에서 멋지게 탈출하는 나이스샷은 우리가 이 매력적인 스포츠에서 빠져나올 수 없게 만든다.

골프는 스코어링 게임이다. 점수를 줄이는 게임이다. 매홀 성적표 받듯이 점수를 받는다. 우리는 이 점수로 스트레스를 받고 골프를 어렵게 느끼지만, 이 점수가 우리에게 가슴 벅찬 희열을 주기도 한다. '드디어 처음 파했어!', '그래도 버디 하나 했네', '다행히 보기로 막았어' 같은 대화들은 우리가 점수에 얼마나 연연하고 있는지 알 수 있다. 골프 라운드를 갔다고 말하면 제일 먼저 돌아오는 질문이 "몇 개 쳤어?"이지 않은가.

우리가 골프에 빠지는 이유는 이기고 싶은 경쟁자가 있어서 그렇기도 하다. 골프를 하다 보면 반드시 맞수가 있다. 이상하게 신경 쓰이는 누군가가 있다. 다른 사람보다 못 치면 아무렇지도 않은데, 유독 그 친구에게만은 지고 싶지 않다. 이기려면 더 매달려야 하지 않는가. 열심히 할 수밖에 없다. 4명이 한 팀을 이뤄 골프를 하지만 나를 제외한 3명 중에는 응원하고 격려하고 싶은 동반자가 있는 반면에 꼭 이기고 싶은 동반자가 있다. 경쟁심은 힘이 세다. 경쟁심 없는 몰입은 없다. 경쟁심 없이는 동기부여도 없다. 오랜 타이틀 방어로 동기를 더 찾을 수 없어 챔피언벨트를 스스로 반납하는 복싱 챔피언이 있는 것과 같은 이치다.

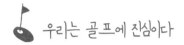 우리는 골프에 진심이다

'진심'이란 말은 옛날 말 같다. 흔하디흔한 사랑 고백에서 등장하는, "진심으로 사랑합니다" 같은 막연한 말처럼 들린다. 그런데 어느 순간부터 '진심'이란 말이 '#진심인편'이란 해시태그와 함께 나이가 어려졌다. 젊은 친구들의 언어가 된 것이다. 골프를 시작하는 나이가 어려졌음은 물론이고, '골프에 진심'은 그들의 다짐이나 표어가 되었다. 우리는 몇 시간에 걸쳐 필드에 다녀온다. 돌아오는 길에 아쉬워 스크린골프까지 친다. 집에 들어오면 가장 먼저 골프 채널을 켠다. 우리는 지금 진심인 것에 가장 많은 시간을 내준다. 마음속에 가장 넓고 깊게 자리 잡게 된다. 골프를 시작하고 골프를 하지 않는 친구와는 대화가 어색하다고 말하는 사람도 있다.

많은 골퍼가 골프를 시작할 때부터 골프에 진심인 것은 아니다. 직장 상사의 권유나 비즈니스상 필요해서, 친구나 지인들이 하니까, 아니면 너도나도 골프 한다고 하니 왠지 안 하면 뒤처지는 것 같아 시작한다. 똑딱이라고 부르는 연습을 거치고, 볼이 맞아 나가기 시작하면서 서서히 골프에 대한 마음이 진심으로 변한다.

생각해보자. 수험생 시절 공부했던 것 빼고 우리가 무언가를 이렇게 열심히 한 적이 있는가? '골프 연습하듯이 공부했다면 큰일 냈겠다'라고 농담하는 이유도 여기에 있다. 무언가를 잘하고 싶은 욕구가 이렇게 강한 적이 있었던가? 진심으로 좋아하면 성과를 만들고 무언가를 이뤄내고 싶어진다. 진심은 목표를 만든다. 처음 시작할 때는 그냥 웃고 즐기는 명랑골프로 시작하지만, 시간이 흐를수록 진심으로 잘하고 싶은 운동이 골프다. 100개를 깨고 싶고, 90대에 접어들면 90개를 깨고 싶다. 주말골퍼들의 꿈이라고 할 수 있는 70대 타수를 기록하고 싶어진다. 좋아한다고 무조건 잘할 수 있는 것은 아니지만, 좋아하는 것이니 잘하고 싶다. 당연히 연습장에서 보내는 시간이 많아진다. 연습장에서 발밑에 땀이 뚝뚝 떨어질 만큼 열심히 하는 골퍼가 바로 내 눈앞에 있다. 새벽잠이 아무리 많아도 이상하게 알람이 울리기 전에 일어나게 하는 골프다.

누구나 무언가에 진심이었을 때가 있다. 한때 게임에 진심이었고, 운동에 진심이었다. 농구와 테니스에 진심인 적도 있었다. 하지만 진심은 변심하기 마련이다. 오래 좋아하다 보면 좋아하는 마음이 작아지고 다른 것에 마음이 쏠린다. 그런데 참 신기한 것은 골프는 그 진심의 깊이가 깊고, 시간도 길다. 기쁨을 주지만 한편으로 스트레스도 그만큼 주는 골프를 우리는 오늘도 계속하고 있다. 좋아하는데 안 되는 것도 참 오랜만이지만, 안 되는데 중단하지 않고 계속하는 것은 아마도 골프가 처음인 것 같다.

우리는 스코어에만 진심은 아니다. 스윙 자세에도 진심이고 골프에 관한 지식에도 진심이다. 골프 패션에도 진심이다. 어떤 이는 필드 밖 패션보다도 골프 패션에 더 신경 쓰고 진심이다. 골프 장비에도 진심이다. 이 진심을 골프장이나 메이커들이 사심으로 망치지 않기를 바란다. 골프에 진심인 사람이 계속 늘어나려면, 골프라는 스포츠가 진입장벽이 낮아져 계속 즐길 수 있는 여건이 먼저 마련되어야 한다.

나는 연습장에서 첫 샷을 할 때부터 골프에 진심이었다. 그리고 아직도 진심이다. 진심으로 골프에 진심이다.

골프는 왜 이렇게 어려울까?

필드에서 미스샷을 난사하거나, 기대보다 안 좋은 점수로 라운드를 마치면 흔히 하는 말이 있다. "골프 어려워…" "골프 참 맘대로 안 돼"라고 누구나 몇 번쯤은, 아니 그보다 더 많이 이 말을 하거나 들어봤을 것이다. 그렇다면 골프는 왜 이렇게 어려운 걸까? 왜 내 마음대로 안 되는 걸까? 골프가 어려운 첫 번째 이유는 일단 쉽게 보기 때문이다. 특히 소싯적에 운동 좀 했다는 남자들은 공놀이만큼은 자신 있다고 생각한다. 그들에게 골프는 '그까짓 것 뭐 대충하면' 될 거라며 도전한다. 움직이는 볼도 치고 차며 놀았는데 가만히 서 있는 공을 치는 것이 그리 어려워 보일 리가 없다. 연습 초기에는 잘 맞는 느낌도 들고, 주변에서 '골프 신동'이라는 말도 듣는다. 그래서 나중에 경험하는 골프의 어려움이 더욱 당황스럽다.

골프가 어려운 또 다른 이유는 무려 14개의 골프채를 사용한다는 점 때문이다. 테니스와 탁구 라켓은 하나다. 야구도 배트는 하나다. 서브용 라켓이 있고 리시브용 라켓이 따로 있지는 않다. '모든 스윙은 같다'라는 지극히 당연해 보이는 구호는 전혀 위로가 되지 않는다. 백돌이에게 드라이버 스윙과 56도 웨지 스윙이 어떻게 같을 수 있는가? 드라이버를 잡았더니 아이언이 엉망이다. 아이언이 잘되니까 어프로치샷이 안 된다. 어프로치샷은 잘 되는데 퍼팅에서 타수를 잃는다. 이는 14개 클럽이 만들어내는 무한 난제 알고리즘이다.

골프채만 다양한 요소가 있는 것이 아니다. 세상에 똑같은 골프장은 없다. 나와 잘 맞는 골프장이 있고 나와 잘 안 맞는 골프장이 있다. 이 역시 골프를 어렵게 하는 요소다. 축구장과 테니스장의 넓이와 규격은 어디를 가나 같다. 오직 골프만이 구장마다 다른 환경에서 다른 공략을 기다리며 우리에게 어려운 문제를 던지고 있다. 지난 라운드에 라베를 하고 자신만만해진 골퍼가, 처음 가보는 생소한 코스에서 겨우 쌓았던 자신감을 무너뜨리고 돌아오는 경우가 허다하다. 어느 골프장은 페어웨이가 좁고, 어느 골프장은 산악지형이라 코스가 평평한 곳이 없다. 그린이 파도처럼 물결치는 곳도 있고, 벙커 턱이 높은 성벽처럼 그린을 막고 있는 곳도 있다.

골프가 어려운 이유 중 다른 하나는 역설적으로 '너무나 많은 정보' 때문이다. 유튜브엔 골프 선생님이 넘쳐난다. 어느 날은 같은 주제로 수십 개의 레슨 동영상을 보기도 한다. 어떤 선생님이, 어떤 정보가 나에게 맞는지 찾는 것도 상당한 시간과 노력이 필요할 정도다. 짧은 시간과 부족한 실력에 이를 어떻게 가려내고 집중할 수 있겠는가.

부상도 골프를 어렵게 하는 것 중 하나다. 좀 될 만하니까 엘보에 통증이 온다. 어깨가 아프다. 어깨가 괜찮아지니 허리가 아프다. 이 역시 무한 부상 알고리즘이다. 봄은 괜찮은데 멘탈이 약해질 때가 있다. 자신감을 잃고 라운드에 나가는 것이 두려워질 때도 있다. 몸과 마음의 아픔이 골프를 더 어렵게 한다.

'너무 쉬우면 재미없다'라고 하면서 골프는 어려워서 재밌다고 누군가 말한다. 골프 치면서 배운 단순한 가르침이 있다. "좋아한다고 잘할 수 있는 것은 아니다." "잘하면 재밌지만, 재밌다고 잘할 수 있는 것은 아니다."

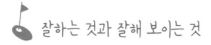

잘하는 것과 잘해 보이는 것

골프에는 '핸디캡'이라는 용어가 있다. 핸디캡이 낮을수록 '로우핸디캐퍼'라고 말하며 고수로 인정해준다. 한 자릿수 핸디캡이면 싱글디짓핸디캐퍼로서 주말골퍼의 꿈이자 목표에 다다른 실력이다. 가끔 골프는 스코어가 전부는 아니라는 생각이 든다. 분명히 나보다 스코어가 한참 좋은데도 이상하게 잘 친다는 느낌이 안 드는 골퍼가 있고, 스코어는 좋지 않지만, 왠지 고수 같은 느낌이 드는 골퍼도 있다. 이는 다분히 골퍼의 자세에서 기인한다. 물리적인 스윙 자세다. 스윙 폼을 말한다. 가끔 골프 채널에서 클럽 챔피언이나 아마추어 시합 중계를 보면, 경력이 화려한 어느 클럽 챔피언에게 멋진 스윙을 기대했다가 실망하지 않는가? 우리는 뭔가 꾸부정하면서 독특한 퍼팅 자세로 홀인에 성공하는 고수를 흔히 볼 수 있다. 반대로 첫 티샷만 보고도 그 사람의 스윙에 감탄한 적이 있다. 그리고 "라베가 몇 타예요?"라고 묻고 돌아온 대답에 놀란 적도 있다. "설마…, 70대라고 생각했는데…" 하면서 말이다.

'형식이 내용을 지배한다'라는 말이 있다. 스코어는 결과로서 내용을 말하지만, 때론 스윙 폼이 평가 기준이 된다. 우리가 스윙 자세를 사진이나 동영상으로 찍는 것은 이런 이유에서다. 연습장에 거울이 있는 것은 스스로 돌아보라는 이유에서다. 골퍼들은 대부분 남의 스윙은 잘 보지만, 내 스윙은 잘 안 본다. 동반자가 찍어준 동영상을 보고 "이게 나란 말이야?" 하고 놀란 적이 있을 것이다. 자신의 스윙에 실망하거나 자신의 장점을 찾기도 한다. 특히 동영상을 찍어준 이가 칭찬을 보태면 '내 스윙이 생각보다 괜찮구나' 하고 느낀다. '잘해 보이는 것'은 스윙 자세뿐 아니라 골프에 임하는 자세에서도 보인다. 골프를 시작하면 대부분 '골프에 진심'이 된다. 그런데 이 진심이 행동으로 나올 때는 같은 모습이 아니다. 누군가는 승부욕으로 나오고, 누군가는 원칙을 지키는 모습으로 나온다. 또 어떤 이는 진지함을 넘어선 심각함으로 나오기도 하고, 스스로에 대한 자책으로 나오기도 한다. 모두 잘하고 싶은 마음에서 그렇다.

직장 생활을 하다 보면 주변 사람을 힘들게 하는 사람이 있다.

'능력은 부족한데 욕심이 넘치는 사람'이 그렇다. 욕심이 없어 보이는데, 대단한 야망이 있어 보이지도 않는데, 무언가를 잘하는 사람에게 우리는 감탄한다. 그 이유는 그런 모습을 보는 자체가 좋기 때문이다. 우리가 골프를 할 때나 골프 이야기를 할 때, 잘해 보이기 위해서 첫 번째로 필요한 것이 바로 '여유'다. 골프가 안 된다고 화를 내거나 성질을 부리는 골퍼에겐 여유를 찾아보기 힘들다. 세상의 모든 핑계를 끌어모아 본인이 안 되는 이유에 갖다 붙이는 골퍼에게도 여유를 찾기는 힘들다. 눈속임하거나, 누군가를 이기기 위해 별의별 편법을 다 쓰는 골퍼에게는 왜곡된 승부욕만 보일 뿐 여유를 찾을 수 없다. 이런 플레이어는 타인을 칭찬할 여유가 없다. 오직 본인 플레이에만 집중하기에 타인을 배려할 여유도 없다.

캐디에게 "여기 팀 간 간격이 어떻게 돼요?"라는 질문을 한다. 그래서 "8분입니다"라는 답이 돌아오면 "역시 명문이야, 여유가 있네"라고 말한다. 여유 있는 골프장만큼 여유 있는 골프를 해보자. 수많은 사람과 골프를 했지만 늘 다시 치고 싶은 사람은 플레이가 부드럽고 넉넉한 사람이었다. 고수는 느리지 않지만 서두르지 않는 사람이다. 고수는 부드럽지만 약하지 않은 사람이다. 고수는 나를 생각하는 만큼 남을 생각하는 사람이다. 그것이 골프의 '여유'다. 여유가 품위를 만든다.

최근 2년만큼 골프 인구가 급증한 적이 있을까? "너 골프 치니?" 라는 질문은 이제 "너도 골프 치지?"로 바뀌는 상황이다. 거리엔 골프 옷 가게가 줄지어 있고 TV를 틀면 그 어느 때보다 골프 관련 광고가 넘쳐난다. 골프 이야기가 가장 넘쳐나는 곳은 SNS다. 아주 오래전엔 골프 하는 것을 숨긴 적도 있었다. '과장 주제에 무슨 골프', '나이도 어린데 무슨 골프' 이런 소리를 듣기 싫어서였다. 요즘은 내가 골프 하고 있다는 사실을 세상에 널리 알리는 추세다. MZ세대의 SNS에서 골프는 맛집이나 여행지 올라가듯 피드되고 있다. SNS의 해시태그를 보면 세 가지가 눈에 띈다. 첫째는 '골린이', 둘째는 '명랑골프', 셋째는 '골프에진심인편'이다. 개인적으로 '골린이'는 두 손 들어 환영할 만한 좋은 말이라고 생각한다. 초보나 초짜라는 말과 비교해 얼마나 문학적이고 어감이 깜찍한가. '명랑골프'와 '골프에진심인편'은 다른 듯 같은 말이다. 진심이라는 것은 마음을 다하는 것이고, 명랑이라는 것은 즐거움을 다하는 것이니까.

명랑골프라는 말이 생긴 것은 그리 오래되지 않았다. '명랑'이란 말은 무엇인가? '호호호' '깔깔깔'이 생각나지 않는가? 아주 예전에 소년 만화잡지엔 명랑만화라는 카테고리가 있었다. 말 그대로 웃고 즐기는 만화라는 뜻이다. 재기와 농담이 넘치는 웃음을 유발하는 만화다. 물론 어감상 가볍게 시시덕거리는 만화라는 느낌도 있지만, 이를 창작하는 사람은 진지했을 것이다.

나는 골프가 지나치게 보수적이고 엄격한 것에 반대한다. 어느 의류 브랜드 광고 카피 중에 '인생을 캐주얼하게'라는 말이 있다. 골프도 과거와 비교해 좀 더 캐주얼해져야 한다는 점에 동의한다. 아니 적극적으로 지지한다. 실제로 골퍼들의 의상이 얼마나 격식을 벗어던졌는가? 공수부대의 점프슈트를 응용해서 만든 골프 옷이 인기 있는 상황이니 이미 많이 캐주얼해졌다. 시대가 그렇게 만들었고 오늘의 골프가 그렇게 만들었다.

명랑골프는 분명 골프 트렌드를 바꾸고 있다. 다시 말하지만 나는 명랑골프를 반대한다는 것은 아니다. 밝은 면이 있으면 어두운 면이 있다고 이야기하는 것이다. 어떤 이는 과거에 비해 클럽 하우스 식당이나 스타트 하우스가 시끄러워졌다고 이야기한다. 리액션 볼륨도 과거와 달리 커져서 좀 어수선해졌다고 한다. 이는 반대로 그만큼 우리의 필드가 활기차지고 즐거워졌다고 이야기할 수 있지 않을까? 사장님만의 전유물이었던 골프가, 우아한 사모님들의 사교 수단이었던 골프가 드디어 더 많은 사람에게 열린 것은 아닐까?

그렇다면 명랑골프의 어두운 면은 무엇인가? 골프는 명백한 스포츠다. 그것도 인류역사상 가장 오래된 스포츠 중 하나다. 스포츠란 무엇인가? 스포츠는 한마디로 승부다. 겨루기다. 누군가와 싸워 이겨내고 더 잘 해내는 과정이다. 프로선수들이 웃으면서 샷을 하는가? 본인의 미스샷에 깔깔거리는가? 골프 역시 승부에서 이겼을 때 가장 큰 희열이 찾아오는 스포츠다. 혹, 명랑골프가 골프라는 스포츠의 의미를 우리 스스로 잊게 만들지는 않는가?

다른 하나는 룰과 에티켓이다. 내가 처음 골프를 접했을 때는 '멀리건' 제도가 아주 드물었다. 스크린골프가 확산하고, 스크린골프에서 사용하는 멀리건 횟수 3회가 보편화하기 시작하면서, 필드에서 '멀리건' 역시 당연히 게임의 일부인 양 생각하고 있지는 않은가? "요즘 어떤 골퍼는 호주머니에 볼을 하나 더 넣고 다니면서 티 샷을 실수하면, 본인이 멀리건을 외치고 하나 더 쳐요." 어느 캐디 의 말이다.

나는 아버지에게 골프를 배웠다. 인생 첫 라운드를 하고 두 번째 라운드에 아버지와 동반했다. 우정힐스의 어느 파3였다. 그린에 겨우 올리는 5번째 샷을 하고 "양파네요"라며 볼을 집으려고 하자, 아버지는 내게 끝까지 홀아웃하라고 말씀하셨다. 결국 그 홀에서 6개 오버를 쳤다. 물론 스코어 카드에도 그렇게 적었다. 당시엔 아버지가 살짝 원망스럽기도 했지만, 내게 골프를 물려주고 돌아가신 아버지를 생각할 때마다 가장 먼저 떠오르는 에피소드이고 이제는 아버지가 왜 그랬는지 이해가 간다.

호건 캡과 니코보코 바지의 대명사, 지금은 고인이 된 페인 스튜어트는 "나쁜 스윙보다 더 나쁜 것은 나쁜 태도다"라는 말을 했다. 톰 카이트는 "훈련과 집중이 골프의 재미다"라고 이야기했다. 골프에 임하는 태도가 결국은 우리의 골프를 만든다는 뜻이다. 웃고 즐기는 것만큼 집중하고 땀 흘리고 진지한 곳에 골프의 기쁨이 있다. 힘든 상황을 겪어내고 이겨내고 이런 과정에서 만나게 되는 스트레스조차 받아들일 줄 알아야 골프를 온전히 수용하게 된다. 물론 라운드를 하는 몇 시간 동안 스트레스를 받는 것보다 웃고 즐기는 시간을 갖는 것이 모든 골퍼의 바람이다. 하지만 지켜야 할 것은 지켜야 한다. 그냥 명랑골프가 아니다. 지킬 것은 지키는 명랑골프다.

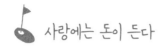 사랑에는 돈이 든다

'사랑에는 돈이 든다'라는 말을 처음 본 것은 일본 광고에서였다. 이 말을 듣고 나는 순간 멍해졌다. 일단 '나는 왜 저런 카피를 못 쓸까'라는 한없이 낮아지는 마음속의 마음을 보았다. 그리고 당연한 말과 당연하지 않은 듯 보이는 단어들의 조합이 주는 생경함이 좋았다. 공감했다. 사랑은 마음이고 돈은 물질이라는 단순한 사고는 순수한 시절의 어린 마음일 뿐이라는 생각도 들었다. 인생을 살아보니 좋은 것은 비쌌다. 대체로 그랬다. 맛있는 음식은 돈을 더 많이 내야 했고, 한눈에 들어왔던 그 옷은 다른 옷들에 비해 비쌌다. 비싼 돈을 내고 입장한 어느 콘서트는 충분히 그 값을 했다. 물론 다 그랬던 것은 아니다. 대체로 그랬다는 것이다. 그중 하나가 바로 '이놈의 골프'다. 특히 대한민국에서는 말이다. 일단 시작도 하기

전에 돈으로 겁을 준다. 얼마인지도 모를, 그러나 틀림없이 많이 들 거라는 생각에 우리를 주저하게 만든다. 스스로 '내가 무슨 골프를' 이라고 생각하면서 기꺼이 다가가지 못한다.

골프는 돈으로 사람에게 거리를 둔다. 다른 채널을 돌리다가 우연히 본 골프 채널의 광고들을 보라. 온갖 골프채와 골프공 광고가 넘쳐난다. 물론 비싸 보인다. 골프 패션은 또 어떤가? 골프 중계에서 보이는 골프장들은 온갖 풍광을 뽐내고 있지 않은가? '저런 것들은 얼마나 할까?' '저기는 당연히 비싸겠지?'라고 생각할 수밖에 없다. 사실 또 비싸다. 테니스와 비교해보자. 테니스는 하나의 라켓으로 플레이한다. 골프는 14개의 골프채가 있다. 당연히 비쌀 수밖에 없다. 심지어 그 채를 넣어야 하는 백에서도 차이가 난다. 골프는 테니스보다 옷에도 돈이 많이 든다. 기본적으로 옷 자체도 비싸지만, 장갑도 껴야 하고 골프화도 마련해야 한다. 테니스는 공을 별로 잃어버리지 않는다. 골프는 하루에 몇만 원어치 볼을 잃어버리기도 한다. 마치 '아무나 골프 치는 거 아냐'라고 말하는 것 같다. '골프 하려면 이 정도 비용은 감수해'라고 경고하는 듯하다. 골프채와 골프 옷은 일부분일 뿐이다. 연습장도 다녀야 한다. 레슨도 받아야 한다. 시설이 좋은 연습장에서 연습하면 연습도 잘 될 거 같고, 비싼 선생님에게 배우면 남보다 빨리 늘 거 같다.

몇 달간의 연습으로 인생 첫 라운드를 돌면 대부분 골프라는 '그 그녀'와 사랑에 빠진다. 그리고 그에게 잘 보이기 위해 돈을 쓰기 시작한다. 어떨 때는 분명 돈을 썼는데 그가 쳐다봐주지도 않고 전혀 감동도 하지 않는다. 오히려 그와의 관계가 더 멀어진 거 같기도 하다. 더 비싼 장비를 갖추고 더 자주 필드에 나갔는데 실력이 뒤로 후진할 때가 있지 않은가. 가끔은 그 돈이 벅찰 때가 있다. 사랑하는 사람에게 선물 공세를 하고 좋은 곳만 가다가 어느 날 본 통장이 마이너스이듯, 골프는 우리의 잔액을 비우고 있다. 사랑하는 누군가를 감당하기에 부족한 능력을 느끼듯, '골프는 내 능력 밖이구나' 라고 느끼는 순간이다.

골프에도 '가성비'가 없는 건 아니다. 가성비가 무엇인가. 노력보다 들어가는 비용에 비해 만족과 효과가 큰 것 아닌가. 가성비 좋은 골프장을 찾아가고 골프채도 중고 포함 가성비가 좋은 골프채를 갖추고 골프 옷도 아웃렛에 가거나 가성비가 좋은 브랜드를 선택할 수 있다. 그러나 그 가성비의 범위가 골프에서는 좁은 듯하다. 그래도 우리는 '이 망할 놈의 골프'를 떠나지 못한다. 골프는 '죽일 놈의 사랑'이기에…. 시작했던 사랑이 억울하고 지금까지 사랑했던 시간이 아까워서라도 이 사랑을 끝내지 못한다.

사랑에는 돈이 든다. 골프는 더 든다.

대한민국 골퍼로 산다는 것

단언컨대, 대한민국 사람처럼 골프를 사랑하는 민족은 드물다. 우리처럼 골프에 진심인 사람도 없다. 일단 골퍼가 많다. 통계마다 다르기는 하지만 500만 명을 넘어섰다는 것이 정설이다. 이는 인구 대비 매우 높은 비율이다. 인구가 우리보다 약 2.5배 많은 일본보다 골프 인구가 많다는 이야기도 있다. LPGA는 한국 선수들의 무대가 된 지 오래고 현 세계랭킹 1위도 대한민국의 고진영이다. 최경주가 처음으로 '우리도 할 수 있다'라는 사실을 증명했던 PGA투어 역시 대한민국의 많은 젊은 선수가 태극기를 리더 보드에 올리고 있다. 대한민국은 골프의 빅마켓이기도 하다. 골프채가 많이 팔리는 나라 중 하나며, 골프 옷에 관한 한 세계 톱 시장이다. 일주일에 하나는 론칭한다고 농담할 정도로 새로운 브랜드가 줄지어 나오고 있다.

대한민국은 분명한 골프 강국이다. 그렇다면 대한민국은 골퍼에게 골프 천국인가? 절대 그렇게 보이지 않는다. 일단 대한민국은 여름과 겨울이 길다. 양잔디가 아니면 잔디가 푸르게 살아있는 기간은 5개월 남짓이다. 정치적 사건을 빗대어 '우리가 5.16에서 10.26 사이에는 빛을 내서라도 골프를 해야 한다'라고 말하는 것은 바로 잔디가 푸른 기간과 통한다. 잔디가 살아있는 여름은 길지만 그 여름 안에 장마가 있다. 대한민국의 봄, 가을은 골프 하기 정말 좋은 계절이지만, 이 시간은 길지 않다. 지구 환경의 변화로 그 기간은 점점 짧아지는 느낌이다. 내가 농담처럼 하는 말이 있다. "대한민국에서 골프 하려면 여름이나 겨울 중 한 계절은 좋아해야 한다"라고. 이러다 보니 캘리포니아나 호주에 사는 지인이 1년 내내 골프를 즐기는 모습을 보면 부러울 수밖에 없다. 동네 커뮤니티 골프장을 마치 산책하듯이 일상의 루틴처럼 오간다는 이야기는 말 그대로 먼 나라 이야기다.

그들이 부러운 것은 날씨뿐만이 아니다. 골프 비용도 있다. 이런 말을 하는 지인이 있었다. 도쿄 근교의 골프장에서 7만 원 그린피에 식사까지 포함되었다고 했다. "여기 한번 놀러 와. 여긴 좋은 골프장도 몇십 달러면 가" 요즘처럼 그린피가 오르고 각종 골프 비용이 오르면, 골프만을 위해서라도 그냥 해외로 나가고 싶은 심정이다. 공급이 수요를 따라가지 못하니 부킹도 열리자마자 미친 듯이 달려드는 '오픈런'과 같다. 밤 12시에 아침 9시 부킹을 위해 알람을 설정하는 사람들이다. 전 세계에 유례가 없다. 이러다 보니 골프장이 갑이다. 개인적으로 가장 이해가 안 가는 제도가 골프장의 '4인 필수'다. 3인 플레이를 하면 그린피를 더 내야 하는 어처구니없는 옵션이 대한민국 골프장에는 있다. 누가 골프는 4명이 쳐야 한다고 정했단 말인가. 포볼이나 포섬을 빼고 개인경기에서 4명이 한 조가 된 대회가 있는가. 코로나로 인해 해외 골프가 줄고 골린이가 늘어나면서 그들의 진심을 이용해 골프업계가 사심을 챙기지는 않는지 생각해보자.

대한민국은 패션의 나라다. 골프만큼 패션에도 진심인 사람들이다. 그러다 보니 어떤 골프 옷 가격은 '잘못 봤나?' 싶을 정도로 말도 안 되게 비싸다. '이 정도 브랜드는 입어줘야지'라는 심리와 '같은 옷을 계속 입을 수는 없지'라는 심리가 더해져 옷장에 골프 옷은 차곡차곡 쌓인다. 그런데도 정작 입을 게 없다고 말한다.

그렇다. 대한민국에서 골퍼로 살기는 쉽지 않다. 골프장은 멀고, 차는 막히고, 진행도 밀린다. 라운드 한 번에 하루가 다 간다. 골프장이 늘어나고 코로나 상황이 바뀌면 지금보다 편하고 부담 없이 골프를 즐길 수 있으면 좋겠다. 새롭게 유입된 골린이들이 경제적인 부담으로 하나둘 떠나고 있다는 얘기도 들린다. '하우스 푸어', '카 푸어'만 있는 게 아니다. '골푸어'도 있다. 골프 강국 대한민국보다 골프 천국 대한민국을 기대해본다.

골프는 스포츠인가? 수양인가?

이런 질문으로 시작해보자. "골프는 스포츠인가? 수양인가?" 당연히 스포츠다. 경쟁이라는 면에서는 다른 스포츠와 다를 바 없다. 그런데 골프는 여러 가지 면에서 다른 스포츠와는 다르다. 유독 멘탈을 강조한다. 골프만큼 수양에 가까운 스포츠는 없다고도 한다. 때론 골프가 수양에 가까운 이유를 살펴보자.

1. 생각할 시간이 많다

한 라운드에 몇 개의 샷을 하는가. 백돌이라고 해봐야 100개다. 하나의 샷을 하는 데 걸리는 시간은 2초가 안 된다. 스윙 시간만으로는 그렇다. 4시간 라운드를 한다면 실제 샷을 하는 시간은 얼마 안 된다. 그 나머지 시간에 전략을 세우고, 선택하고, 때론 후회한다. 한마디로 생각할 시간이 너무 많다. 나는 주말골퍼들에게 가장 중요한 샷은 첫 홀, 첫 티샷이라고 생각한다. 그리고 두 번째로 중요한 샷이 첫 번째 홀의 짧은 퍼팅이다. 이 두 개 샷은 18홀 내내 영향을 미친다. 카트 안에서도 그늘집 안에서도 생각난다. 그래서 주말골퍼들끼리는 첫 홀에서 올파로 기록하고 일파만파라고 한다. 첫 홀의 실수를 리셋하기 위해…. 이 길고 긴 생각의 시간을 긍정으로 채울지 부정으로 채울지는 골퍼의 몫이다. 당연히 긍정이 부정을 이긴다.

2. 선택의 순간이 많다

골프는 선택할 골프채가 많다. 때론 파4나 파5에서도 드라이버를 칠지 말지 선택해야 한다. 14개가 된다는 의미는 연습할 양이 많다는 뜻이기도 하지만 그만큼 전략도 많다는 뜻이다. 전략은 과연 무엇인가? 선택이다. 어떤 클럽을 선택하느냐, 어떤 지점을 공략하느냐, 모험이냐, 지키기냐. 4시간의 라운드는 선택의 과정이고 그 과정의 반복이다. 이 선택이 자신감을 만들고 때론 후회도 낳는다. '그때 안 그랬다면…' 이 후회를 없애고, 과거를 지우고, 현재에 집중하는 것이 수양 아니고 무엇이겠는가.

3. 동반자가 경쟁자다

골프에서 동반자는 경쟁자이기도 하다. 주말골퍼들끼리 명랑골프라는 이름 아래 함께 웃고 즐겁게 지내지만, 그 시간에도 미묘한 신경전은 있다. 맞수가 있다. '다른 사람한테는 져도 저 녀석한테는 지지 말아야지' 하는 승부욕이 있다. 그런데 이 동반자의 행동이 거슬릴 때가 있다. 슬로 플레이, 비매너, 심한 구찌…. 몇 홀 치고 '저 인간이랑 다시는 치지 말아야지' 하고 결심하지만, 아직도 열몇 홀이나 남아있다. 이를 참고 이겨내야 한다. 이 역시 수양의 과정이다. 나는 이런 동반자가 있으면 무조건 거리두기를 한다. 그가 카트에 타면 걷고, 그가 걸으면 나는 카트에 탄다.

4. 뭐 이런 골프장이 있나?

나와 안 맞는 골프장은 흔하게 있다. 주말 차량정체를 무릅쓰고 오랜 시간 운전해서 간 골프장은 음식부터 맛이 없다. 직원들은 불친절하다. 코스는 말도 안 되게 좁고 그린 스피드는 턱도 없이 느리다. 이때 제일 힘든 것이 진행이다. 어느 파3홀에서는 카트 3대가 기다리는 걸 본 적이 있다. 골프장이 주는 스트레스를 어떻게 극복할지 여부 역시 수양 과정의 일부이다.

5. 불운과 행운 사이

내가 친 볼은 카트 도로를 맞고 나갔다. 흰색 말뚝 너머로 유유히 사라졌다. 친구가 친 볼은 카트 도로를 맞고 앞으로 50미터 더 나갔다. 그 녀석이 친 볼은 나무를 맞고 페어웨이로 들어왔다. 심지어 "나 착한 일 많이 했잖아" 하며 너스레를 떤다. 내가 친 볼은 악성 스트레이트로 페어웨이에 떨어졌는데 디봇 안으로 들어갔다. 나의 맞수가 친 볼은 언덕을 맞고 그린에 올라가 핀에 붙었다. 나의 불운과 남의 행운 사이에 수양의 길이 열려있다.

6. 같은 실수를 반복할 때

같은 실수를 반복한다는 것은 멘탈 붕괴가 반복된다는 뜻이다. 골프에서 가장 중요한 미덕 중 하나가 바운스백이다. 전 홀 보기를 버디로 만회하는 것은 프로선수들의 이야기다. 주말골퍼는 보기를 한 후 다음 홀에 파를 해도 바운스백이다. 전 홀 실수를 만회하지 못하고 같은 실수를 반복하면 멘탈은 여지없이 와르르 무너진다. 특정 클럽을 칠 때마다 실수를 반복하면 재빠르게 클럽을 바꾸는 것도 한 방법이다. 드라이버 티샷이 안 되면 우드 티샷을 하고, 어프로치샷이 생크 나면 애매한 라이라고 해도 퍼팅으로 끝내는 것이 좋다. 우드, 특히 3번 우드가 안 되면 그날은 우드를 포기하자. 우드 치는 것을 자제하기 위해 "나 3번 우드 꺼내는 거 보면 손목을 치세요"라고 캐디에게 부탁하는 골퍼가 있다는 우스갯소리도 있다.

7. 방심

방심하면 반드시 돌아온다. '오늘은 뭐가 돼도 되네…' 하고 마음 놓는 순간부터 위기가 시작된다. 지나치게 경직되고 긴장하는 것도 좋지 않지만, 방심하는 순간 골프는 더 많은 타수로 복수한다.

골프는 스포츠다. 그리고 수양이다.
수양하다 보면 어느새 정신까지 강해지지 않을까?

골프가 내게 가르쳐준 것들

힘을 빼려면 힘이 있어야 한다

붙였다고 다 들어가는 것은 아니다

방법을 찾자 핑계를 찾지 말고

배판일 때 잘하자

가까운 사람일수록 가르치기 어렵다

좋아하는 마음은 잘하려는 마음이다

잘하면 재밌지만 재밌다고 잘하는 건 아니다

실수는 빨리 만회하는 것이 좋다

나는 누군가의 동반자다

피니시가 중요하다

홀에 가까울수록 정확해야 한다

진심골프 ①

다짐

볼 끝까지 봐야지
몸 더 돌려야지
일어나지 말아야지
머리 나가지 말아야지
급하게 내려오지 말아야지
하체를 더 써야지
어깨에 힘 빼야지
피니시를 잡아야지
뒤로 자빠지지 말아야지

오늘은
안될지 몰라도
다짐하다 보면

골프는 다져집니다

진심골프 ②

02

골프 버킷리스트가
있나요?

골프로 살아보기

'살아보기'가 유행이다. 책도 많이 나왔다. 제주에서 살아보기, 농촌에서 살아보기, 어디 어디에서 어떻게 살아보기. '살아보기'는 아직도 유행이다. 말 그대로 계속 살겠다는 것은 아니다. 한번 살 아보겠다는 것이다. 물론 '살아보기'가 '살기'가 될 수도 있다. 나는 '골프로 살아보기'를 하고 싶다. 얼마나 살아볼까? 가장 전형적인 기간이 100일 아닐까? 그래서 '골프로 100일 살기'를 해보고 싶다. 일단 장소를 물색해보자. 좋아하는 코스 주변에 살면 좋겠다. 코스 에는 드라이빙 레인지가 있으면 좋지 않을까? 한국에서는 제주도 가 떠오른다. 아니면 남쪽 지방의 어느 골프장 주변도 괜찮을 듯하 다. 소멸성 회원권이 대중화된 외국이 플레이하기에는 한국보다 좋 을 것 같다. 언제든지 혼자 골프장에 가면 누군가와 조인하거나, 아니면 혼자서 플레이할 수 있어야 골프로 살 수 있지 않을까? 1인 플레이는 고사하고 4인 필수인 한국에서는 매번 라운드 때마다 골프 앱에 들어가서 조인팀을 구하는 것도 피곤할 것 같다.

전지 훈련 같은 의미는 아니다. 지극히 단순한 생활, 오직 골프에만 집중하는 시간을 갖고 싶다는 뜻이다. 서점에 가서 골프 관련 책을 몇 권 산다. 예전에 읽었던 골프 바이블을 다시 가져가고 싶다. 온전히 골프만 생각하며 골프에 관한 지혜가 담긴 문장을 많이 접한다면, 골프에 대한 사랑과 열정도 끌어올려지겠지. 골프장 주변을 걷고 때로는 자전거 타고 둘러보는 것도 해보고 싶다. 플레이를 위한 골프장이 아닌 풍경으로서 초록을 온전하게 감상하고 싶다.

연습은 드라이빙 레인지에서 집중하며 연습할 수 있겠지. 캔 맥주 하나를 옆에 두고 연습해도 좋을 것 같다. 이 모든 일은 혼자 사는 것을 전제로 한다. '골프로 살아보기'지만 '골프와 살아보기'이다. 조인 라운드를 하며 다양한 사람을 만난다. 라운드 4시간은 짧지 않은 시간이니 어떤 사람인지도 대충은 짐작할 수 있다. 라운드 일지를 쓰면서 그 사람들에 대한 인상과 감상을 기록하고 싶다. '오늘 이런 사람을 만났다. 이런 점이 너무 좋았다'와 같은 내용이다. 골프 치면서 어떤 사람과 라운드하면 그 사람이 어떤 사람인지 예상하는 버릇이 생겼다. 섣부른 판단일 수도 있지만, 대략은 그 예상이 맞는 듯도 하다.

'골프로 살아보기'를 하려면 반드시 가져가고 싶은 책이 있다. 일단 벤 호건의 《Five Lessons》이다. 내 스윙을 벤 호건의 지혜와 통찰력에 의존해 다시 한번 점검해보고 싶다. 다음은 《하늘의 스바루》라는 골프 만화다. 골프 만화는 제법 있었지만, 이보다 감명 깊게 본 만화는 없다. 오래전에 봤지만, 지금 다시 보면 그때와는 분명 다르게 보일 듯하다. 그리고 꼭 다시 보고 싶은 골프 영화가 있다. 실화에 바탕을 둔 〈내 생애 최고의 경기〉다. 이번에는 대사 하나하나 놓치지 않고 곱씹으면서 보고 싶다. 단순한 스포츠 영화는 아니니 더 깊게 감동할 것 같다.

살면서 깨달은 사실이 하나 있다. '해보지 않으면 모른다'이다. 해보지 않고 무언가를 말하는 것은 진짜 아는 것이 아니라 그냥 아는 척하는 것이다. '골프로 살아보기'를 아직 안 해봤기에 이것이 얼마나 재밌고 유익할지, 아니면 얼마나 무료하고 지루할지 모른다. '골프로 살아보기'를 하고 싶은 이유는 단순하다. 좋아하는 것을 하고 싶고, 좋아하는 것만 하고 싶기 때문이다.

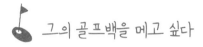

그의 골프백을 메고 싶다

'지금 은퇴하면 뭘 하지?'라는 생각을 누구나 한 번쯤 해봤을 것이다. 그 생각 끝에 '캐디'라는 일이 반갑게 서 있었다. 골퍼 중에 "내가 캐디 하면 잘할 텐데"라고 말하는 사람이 제법 있다. 감각이 좋은 사람들, 손과 발이 빠른 사람들, 일 처리가 빠른데도 절대 서두르지 않는 사람들이다. 캐디를 잘할 수 있다는 자신감이 있는 것은 아니다. 단지 좋아하는 것 주변에 머물면서 그것을 일로 할 수 있으면 참 좋겠다는 생각이다. 캐디 인력이 모자라는 현 상황에 시니어들이 캐디 일을 하거나, 드라이빙 캐디를 하면 좋을 것 같다. 골프장에서 주말골퍼들과 함께하는 캐디와는 다르지만 만약에 내가 캐디로서 선수의 골프백을 멘다면, 누구 골프백을 가장 메고 싶을까? 한번 생각해봤다. 지극히 개인적인 팬심이므로 타이거 우즈

같은 레전드는 아니다. 우선 서희경 선수의 골프백을 메고 싶다. 지금은 은퇴했지만, 서희경 선수의 오랜 팬이다. 몇몇 대회에서 갤러리로 그녀를 따라다닌 적이 있다. 그녀는 기억에 없겠지만 그녀와 골프대회에서 몇 번 마주쳤다. 그때마다 "서희경, 파이팅!"이라고 응원했다.

2011년 US여자오픈 때의 일이다. 최종 라운드에서 번개가 치는 악천후로 몇몇 선수들이 플레이를 끝내지 못했다. 다음날 재개됐는데 이미 플레이를 마친 서희경은 한 타 차 선두였다. 이때 마지막 홀 버디로 공동선두에 올랐던 선수가 유소연이다. 서희경과 유소연은 세 홀 플레이오프를 치렀다. 바로 이 플레이오프에 '서희경의 골프백을 메고 함께했으면 어땠을까?' 하는 상상을 해봤다. 세 홀 동안 얼마나 많이 긴장했을까? 압박감이 엄청났을 것이다. 그 연장전에서 서희경 선수가 우승을 놓쳤을 때 유소연 선수가 잠깐 미울 정도로 아쉬웠다. 팬심이 그렇다.

이정민 선수의 골프백도 메고 싶다. 이정민 선수를 신인 시절부터 봐왔고, 응원해왔는데 어느새 투어에서 고참이 되었다. 두산 매치플레이에서 우승하며 출발이 화려했던 이정민 선수는 8승에서 9승으로 넘어가는 데 5년 7개월이 걸렸다. 그녀는 인터뷰에서 "늘 실패에 대한 두려움이 있어요. 마지막 순간에 두려움을 못 이기고 소극적인 플레이를 해서 우승을 놓치곤 했어요. 그런데 이번에 그것을 이겨내고 극복했으니까 다음엔 잘 해나갈 거예요"라고 말했다. 담백하지만 골프에 대한 그녀의 태도를 엿볼 수 있었다. 그 인터뷰는 내가 여태껏 봐왔던 인터뷰 중 가장 골프에 진심인 인터뷰였다. 그 후 이정민 선수의 팬에서 찐팬이 됐다. 지금도 골프 중계를 보면 리더 보드에 이정민 선수가 어딨는지 제일 먼저 찾아보게 된다. 이정민 선수의 백을 메고 걷다 보면 골프와 인생에 대한 그녀의 태도를 보고 배울 점이 많을 것 같다. 성큼성큼 걷는 그녀의 넓은 보폭을 따라가기 힘들기는 하겠지만….

리키 파울러는 처음에 등장했을 때부터 나를 매료시켰다. 어린 나이지만 동서양이 절묘하게 어우러진 신비로운 얼굴을 가졌다. 실제로 백인과 일본인 혼혈이다. 그는 머리부터 발끝까지, 모자에서 골프화까지 오렌지색으로 깔 맞춤한 패션을 선보였다. 모자는 힙합퍼가 쓰는 스냅백을 썼다. 낯설었지만 신선했다. 그래서인지 록밴드 너바나의 커트 코베인 같았다. 록스타 같았다. 샷도 그랬다. 그는 기존 선수보다 플랫한 스윙에 빠른 템포의 샷을 구사했다. 장타자였다. 공격적이었다. 대학 시절 38주 동안 세계 아마추어 랭킹 1위였고, 최고의 대학 골프선수에게 주는 벤 호건 어워드를 수

상했다. 우정힐스에서 열린 한국오픈에서 그의 플레이를 참관했다. 실물을 영접하고 나니 그가 더 좋아졌다. 그는 2019년 이후 우승이 없다. 5번의 우승이 있었지만 14번이나 2위를 기록해서 'Mr. runner-up2위'이라는 별명이 뒤따랐다. 그의 바로 옆에서 그의 백을 메고 응원하고 싶다. 그와 함께 또 한 번의 전성기를 맞으며 환호하고 싶다.

모든 것은 팬심에서 시작한다. 과한 팬심이 허무맹랑한 상상을 만들어낸다. 하지만 그럴 리 없는 일을 상상하는 것도 즐거운 일이다.

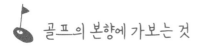
골프의 본향에 가보는 것

버킷리스트란 죽기 전에 하고 싶은 일을 리스트에 적은 것이다. 중세시대에 교수형을 집행할 때 양동이버킷 위에 올라가서 죽는 것, 즉 킥 더 버킷버킷을 차다에서 유래했다. 2008년 모건 프리먼과 잭 니콜슨이 주연한 〈버킷리스트〉라는 영화가 나오고 이 말이 크게 유행했다. 버킷리스트를 골프에 한정해 생각해보자. 개인적으로 첫 번째 버킷리스트는 골프의 본향 세인트 앤드류스 올드코스에 가보는 것이다. 골프 유튜브를 하고 골프 책도 몇 권 냈으면서 아직 그곳을 안 가봤다는 사실이 부끄럽다.

현대 골프는 스코틀랜드에서 시작했다. 그 시작의 중심에 있는 곳이 세인트 앤드류스 올드코스다. 오늘날 PGA와 함께 골프 룰을 관장하고 '디 오픈 챔피언십'을 주관하는 R&A^{Royal and Ancient Golf Club of Saint Andrews}가 시작된 곳이다. 세인트 앤드류스는 10~14세기에 걸쳐 건설된 대교회가 있는 종교도시다. 1413년에 개교한, 스코틀랜드에서 가장 오래된 대학인 세인트 앤드류스 대학이 이 도시에 있다. 18세기 초반부터 '디 오픈'이 개최되면서 골프 명소가 되었다.

TV 중계를 통해 이 골프장을 처음 본 느낌은 '황량하다'였다. 홀과 홀이 복잡하게 연결된 전형적인 바닷가 링크스 코스의 첫인상은 그렇게 매력적인 모습은 아니었다. 플레이하는 선수들은 바람과 흑해 연안의 변덕이 심한 날씨와 싸워야 했다. 나무와 잔디와 레이크가 조화롭게 잘 가꿔진 일반 골프 코스에 익숙한 사람들은 "이게 그 유명한 올드코스야?"라고 할지도 모른다. 그런데 올드코스를 보면 볼수록 '이곳이 오리지널이다'라는 생각이 든다. 골프라는 게임의 의도가 가장 원형에 가깝게 보존된 코스다.

올드코스는 1554년에 만들어졌다. 그 장구한 역사 덕분에 'Old lady' 혹은 'Grand old lady'라고도 부른다. 1502년 제임스 4세가 골프를 공식적으로 승인한 후 존 해밀턴이라는 세인트 앤드류스 대주교가 세인트 앤드류스 주민들에게 골프 할 권리를 부여한다. 귀족과 교수, 지주들이 모여 'Society of st. Andrews golfers'를 결성하였고, 세인트 앤드류스 시에 퍼블릭골프장을 조성하였다. 'Society of st. Andrews'는 후에 R&A가 되었다. 흔히 R&A를 '영국 왕실 골프협회'라고 번역하는데, 이는 정확한 표현이 아니다. 1834년 윌리엄 4세가 이 협회의 후원자가 되면서 'Royal'이란 명칭이 붙었을 뿐 왕실이 주관하는 협회는 아니다.

1번 홀 티잉 구역과 18번 홀 그린 뒤에 있는 클럽하우스에서 사교 활동을 하고, 골프 룰을 만들고 개정하고, 디 오픈을 주관하게 된다. 오늘날 골프 코스가 18홀이 된 것도 디 오픈 3회 우승자이자 올드코스의 그린 키퍼였던 올드 토미 모리스에 의해서였다.

올드코스는 디 오픈의 성지다. 2022년 150회를 맞은 '디 오픈'이 가장 많이 개최된 곳이다. 30회나 된다. 적어도 5년에 한 번은 올드코스에서 개최된다. 선수들은 다른 코스가 아닌 올드코스에서 디 오픈의 트로피인 '클라레 저그'를 들고 싶어 한다. 20세기 미국 골프의 역사를 열었던 레전드 바비 존스는 가장 좋아하는 코스로 '올드코스'를 꼽았다. 150회 디 오픈에 참여한 타이거 우즈는 "내가 다시 이곳에서 플레이할 수 있을지 모르겠다. 올드코스는 내가 가장 사랑하는 코스다"라고 말했다.

어느 날 아들과 라운드를 하는데 아들이 '올드코스'에 가보고 싶다고 했다. 참 반가운 소리였다. 올드코스에 꼭 가고 싶다는 생각은 수도 없이 해봤지만, '아들과 가야지'라는 생각은 하지 못했다. 바람과 황량함과 함께 링크스 코스의 더블 그린에서 아들과 플레이하고 싶다. 토미 모리스 부자 이야기를 하며, 디 오픈을 가장 많이 우승했던 해리 바든 이야기도 해야겠다. 다섯 번 우승했지만, 60세 나이에 아깝게 우승을 놓친 톰 왓슨 이야기도 빠뜨리지 말아야지. 18번 홀에서 본인이 참가하는 마지막 디 오픈일지도 모른다는 생각에 눈시울을 붉혔던 우즈가 생각난다. 우즈의 디 오픈 플레이에 관해 아들과 얘기를 나눠야겠다. 스윌큰 브리지에서 함께 사진을 찍어야지. 라운드 마치고 골프와 인생을 안주 삼아 스코틀랜드 싱글 몰트 위스키를 음미해야겠다.

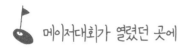
메이저대회가 열렸던 곳에

20대 때 미국 서부를 여행한 적이 있다. 버스를 타고 여기저기 이동하는 단체 관광으로 샌프란시스코 남쪽 17miles라는 곳을 가게 됐다. 유명한 페블비치Pebble Beach 코스가 있는 곳이다. 코스는 바닷가를 보고 있었고 나는 '아, 이런 곳에도 골프장이 있구나'라고 생각하고 바로 다른 곳으로 시선을 돌렸다. 당시 나에겐 골프장보다 바다사자가 더 신기하고 흥미로웠다. 골프를 아직 시작하기 전이었기에…. 만약 지금이었다면 페블비치만 쳐다봤을 것이다.

페블비치가 어떤 코스인가. 메이저대회인 US오픈이 여섯 번이나 열렸던 곳이다. 아놀드 파머와 잭 니클라우스 그리고 톰 왓슨이 가장 사랑하는 코스다. '인생의 마지막 날 마지막 골프를 한다면 어디에서 하겠느냐'라고 누군가 묻는다면 여기라고 대답할 만한 코스다. 페블비치, 그곳에 가고 싶다.

얼마 전 전인지 선수가 우승한 PGA 위민스 챔피언십이 열렸던 메릴랜드의 컨그레셔널 컨트리클럽은 US오픈을 세 번 개최했다. 100년이 넘는 오래된 코스지만 여전히 도전적인 코스로, 꼭 가보고 싶은 곳이다. 메이저대회, 특히 US오픈은 코스를 어렵게 세팅하는 것으로 악명이 높다. '날개 달린 발'이란 재밌는 이름의 'Winged foot' 골프클럽은 그중에서도 단연 맨 앞이다. 웨스트코스에서 열린 2006년 대회에서 제프 오길비의 우승 스코어는 5오버파다. 헤일 어윈은 이 코스에서 7오버파로 우승했다. 페어웨이는 좁고 러프는 길다. 발목까지 올라오는 러프는 공포의 대상이다. 여기에다 깊은 벙커까지…. "이 코스는 68타를 쳤다가도 80타를 칠 수 있다"라고 저스틴 토머스는 말했다. 얼마나 어려울까? 궁금해서 가보고 싶다.

마스터스 토너먼트가 열리는 오거스타 내셔널은 많은 골퍼가 최고의 코스라고 극찬했다. 샘 스니드가 그랬고 필 미켈슨이 그랬다. 중계에서 본 오거스타 내셔널의 봄은 코스라기보다 정원 같고, 잘 정돈된 페어웨이와 그린은 비현실적인 느낌마저 든다. 오거스타 내셔널에서 플레이하는 것은 상상조차 불가능할 것 같다. 제5의 메이저라고 불리는 '플레이어스 챔피언십' 대회가 열리는 TPC소그래스의 17번 홀 파3를 한번 쳐보고 싶다. 전장은 150야드 내외지만 호수 위 아일랜드성 솥뚜껑 그린은 샷의 10퍼센트가 물에 빠지고, 물에 빠진 샷은 평균타수가 5를 넘는다. 안병훈 선수는 이 홀에서 8타를 오버해 11타를 기록한 적이 있다. 최경주 선수는 데이비드 톰스와의 플레이오프에서 바로 이 홀에서 우승을 거머쥐었다.

필 미켈슨이 50세가 넘은 나이에 메이저 최고령 우승자가 된 미국 사우스캐롤라이나의 키아와 아일랜드 코스도 가보고 싶다. TPC 소그래스와 키아와 아일랜드는 코스를 어렵게 만들어서 골퍼를 죽인다die는 피트 다이가 설계한 곳이다. 초창기 디 오픈이 열렸던 프레스트윅이나 머셀버러 골프장은 아직도 건재한다. 1800년대에 만든 골프 코스는 어떤 코스일까? 얼마나 많은 사람이 이 코스를 밟고 지나갔을까? 골프의 역사를 밟으며 플레이하고 싶다. 디 오픈이 개최된 코스 중에 가고 싶은 코스가 '카누스티Carnoustie'다. 1839년에 설계되었다고 추정하는 이 코스는 디 오픈을 여덟 번이나 개최했던 곳이다. 세인트 앤드류스 올드코스와 비견되는 코스라고도 하는 이곳에서 벤 호건, 게리 플레이어, 톰 왓슨이 우승했다.

해마다 세계 100대 코스가 발표된다. 세계 100대 코스인데 어느 코스인들 가고 싶지 않겠는가. 죽기 전에, 아니 골프를 그만두기 전에 그중 몇 곳에 갈 수 있을까?

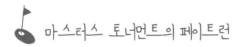

마스터스 토너먼트의 페이트런

마스터스 토너먼트는 꿈의 무대다. 선수들에게도 꿈의 무대고 이를 지켜보는 팬들에게도 꿈의 무대다. 마스터스는 미국 골프의 위대한 전설 바비 존스와 투자은행가였던 클리퍼드 로버츠가 조지 아주 오거스타에 건설했던 오거스타 내셔널 골프장에서 시작했다. 존스는 조지아 출신으로 US오픈을 네 번이나 우승했음에도 영원한 아마추어로 남은 선수다. 존스는 오거스타의 식물원을 사서 그 부지에 건축가인 알리스터 맥킨지와 공동 디자인을 하고 1934년에 첫 대회를 시작한다. 1회 대회의 우승상금은 1500달러였다. 초창기 대회 이름은 오거스타 내셔널 인비테이셔널이었다가 1939년에 지금의 이름인 마스터스 토너먼트가 되었다.

바비 존스는 오거스타 내셔널에서 US오픈을 개최할 수 있도록 USGA에 신청했다. USGA는 조지아의 더운 여름은 경기하기 어렵다는 이유로 신청을 거부했고, 결국 오거스타 내셔널 골프장이 독립적으로 주관하는 독특한 형태의 대회를 만들었다. 오늘날 LIV로 넘어간 선수들에게 PGA가 회원자격을 박탈했지만, 그들이 마스터스 토너먼트에 참가할 수 있는 이유는 바로 이 대회는 PGA가 아닌 오거스타 내셔널에서 주관하는 대회이기 때문이다.

마스터스는 마스터스만의 전통이 있다. 그 첫 번째는 파3 콘테스트이다. 선수의 애인이나 가족이 캐디를 하는 이벤트다. 챔피언에게 그린자켓을 수여하는 것도 마스터스의 전통이다. 마스터스 로고가 붙은 그린자켓은 1949년 이래 지금까지 이어지고 있다. 마스터스 토너먼트는 시합 주 화요일에 만찬이 있다. 챔피언스 디너라는 이름이 붙은 이 만찬은 현 챔피언이 전 챔피언들을 초대하는데, 우승자의 국적이나 지역에 따라 다른 디너를 준비한다. 임성재 선수는 우승해서 갈비를 내고 싶다고 했다. 이 대회의 또 다른 특징은 캐디 복장이다. 흰색 점프슈트와 녹색 마스터스 모자 그리고 흰색 신발을 요구한다. 왼쪽 가슴에 번호가 있는데 디펜딩챔피언이 1번이고 나머지는 접수순이라고 한다.

마스터스 토너먼트는 관중들을 페이트런patron 후원자이라고 한다. 보통 '팬fan'이나 'spectator'라고 부르거나 '갤러리'로 칭하지만, 마스터스 토너먼트는 그들을 '페이트런'이라고 부른다. 이는 창립자 클리퍼드 로버츠에 의해서였다. 마스터스를 관전하는 사람들은 다르다. 자리에 앉아서 차분하게 마치 오페라를 감상하는 것 같은 모습이 특별하기에 '페이트런'이라고 불러달라고 스스로 요구한 데서 비롯됐다. 오거스타 내셔널은 입장권도 티켓이라고 하지 않고 '배지badge'라고 한다. 일부에서는 이러한 마스터스의 배타성에 대해 논쟁하기도 하지만, 마스터스를 관전하는 갤러리의 자부심 역시 마스터스답다고 할 수 있다.

페이트런은 지켜야 할 룰도 까다롭다. 모든 이동은 걸어서 해야 한다. 뛰어서는 안 된다. 휴대전화를 사용할 수 없다. 토너먼트 기간에는 휴대전화로 촬영하는 것이 당연히 불가다. 단, 연습라운드에서는 휴대전화 촬영이 가능하다. 페이트런은 잔디에 앉을 수도 없다. 마스터스 토너먼트의 관중을 위한 의자는 누군가가 자리를 맡으면 그 자리를 떠나도 다른 페이트런이 앉을 수 없다. 페이트런은 타인의 관전을 방해할 수 없다. 만일 방해 행위가 생기면 스태프에 의해 바로 코스를 떠나야 한다. 페이트런은 마스터스의 '그들만의 자부심'이 만들어낸 말이다.

4월의 오거스타 내셔널은 아름답다. 오거스타의 시그니처인 철쭉꽃은 토너먼트에 맞춰 핀다. 실제로 물의 양을 조절해서 그 시기에 철쭉이 가장 만발하도록 맞춘다고 한다. 코스는 홀마다 번호 외에 각기 다른 이름이 있을 만큼 다양한 나무와 꽃이 있다.

아멘코스 12번 홀 관중석에 앉아 있다고 상상해보자. 꽃향기는 바람에 날리고 타이거 우즈가 걸어오고 있다. 팬이면 어떻고, 갤러리면 어떻고, 페이트런이면 또 어떤가. 마스터스 그 안에 내가 앉아 있는데….

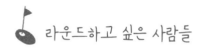 라운드하고 싶은 사람들

미국의 위대한 코미디언이자 배우였던 밥 호프Bob Hope는 누구도 못 말리는 골프 러버였다. "나는 그린피를 벌기 위해 무대에 선다"라고 농담할 정도로 골프에 대한 열정이 남달랐다. 대통령은 물론 수많은 스포츠, 연예계 스타가 그와 같이 라운드하기를 원했다. 실제로 그는 연예계를 넘어서 골프계까지 큰 영향력을 행사했다. 1963년부터 2011년까지 그의 이름을 딴 '밥 호프 클래식'이란 대회가 있을 정도였다. 100세까지 살면서 전 세계 2000개의 코스에서 플레이했다. 한창때는 핸디캡 4의 로우핸디캐퍼였고 홀인원을 7회나 기록했다. 지금은 고인이 됐지만, 골프가 아닌 일을 하면서 골프를 사랑하는 마음에 존경심이 생긴다. 그와 함께 라운드할 수 있으면 얼마나 좋을까. 불가능한 일이지만.

라파엘 나달은 테니스의 4대 메이저, 그랜드슬램 이벤트 단식에서 22회나 우승했다. 클레이코트에서 역대 최강자인 나달은 프랑스오픈에서만 14번을 우승했다. 당연히 4대 메이저를 휩쓴 커리어 그랜드슬래머이다. 어느 날 유튜브 알고리즘이 나달의 골프스윙을 내게 보여줬다. '아! 나달이 골프를 하는구나…. 테니스 스윙과 비슷하려나?' 일단 프리샷 루틴이 그와 같은 나라인 스페인의 세르히오 가르시아와 카를로스 시간다와 흡사했다. 프리샷 루틴도 나라별 특징이 있는 것인가. 발을 잠시도 가만두지 못하고 잔 스텝을 하는 것과 샷을 바로 하지 않고 시간을 많이 쓰는 것이 가르시아와 시간다 같았다. 모든 스페인 골퍼가 그렇다는 것은 아니다. 백스윙을 안쪽으로 당겨서 빼면서 코킹은 거의 없고 백스윙이 작았다. 정석 스윙은 아니었다. 찰스 바클리까지는 아니지만, 독특한 스윙임이 분명하다. 그리고 나달은 테니스는 분명 왼손잡이였는데 골프는 오른손잡이였다. "라파엘, 언제 한번 나가자. 골프는 내가 한 수 가르쳐 줄게!"

마이클 조던과 타이거 우즈는 평행이론을 보인다는 주장이 있다. 여러 가지가 닮았다. 이 둘은 실제로도 절친이란다. 선글라스를 끼고 흰색셔츠를 입은 조던이 시가를 물고 우즈와 라운드하는 사진이 있다. 조던 옆 우즈는 수줍은 소년 같다. 그만큼 조던의 카리스마는 그 누구도 범접하지 못한다. 조던은 그의 등번호 23번을 딴 'Grove 23'이라는 골프 코스를 갖고 있다. 조던은 핸디캡 1 정도의 스크래치 골퍼다. 조던과 우즈와 함께 플레이할 수 있다면 골퍼로서 더 바랄 것이 있겠는가. 여기에 2022 NBA 스테픈 커리까지 함께한다면 말이다. 커리는 골프도 참 예쁘게 치는 스크래치 골퍼다.

운동선수 출신은 대부분 골프에서도 뛰어난 실력을 뽐낸다. 박찬호는 300야드 이상 날리는 장타자로 유명하다. 이승엽의 골프스윙은 그의 야구 스윙처럼 부드럽고 우아하다. 농구선수들은 퍼팅을 잘한다고 한다. 어디에 뭘 넣는 것은 역시 농구 아닌가. 선수 생활 동안 얼마나 많은 슛을 림 안으로 넣었겠는가. 스포츠 스타 중에 기아 타이거즈 출신의 윤석민 선수가 있다. 그는 한국 프로야구에서 월등한 퍼포먼스를 보였고, 메이저리그까지 진출한 선수지만, 사실 내가 응원하는 팀 선수가 아니라 별 관심이 없었다. 그런데 어느 날 그의 골프스윙을 보고 깜짝 놀랐다. 프로선수라고 해도 될 정도로 멋진 스윙을 하고 있었다. 부드러움과 파워를 함께 갖는다는 것이 어떤 것인지 보여주는 표본이다. 방송에서 보면 그는 유머 감각과 순발력도 거의 방송인급이다. 그래서 은퇴한 윤석민의 팬이 되었다. 언제 윤석민과 라운드하는 것은 그래도 가능성이 크지 않을까? 일단 그는 살아있고, 한국에 있으니까.

개그맨 김국진과도 라운드를 한번 하고 싶다. 무심하고 무성의한 듯 바로 샷을 하는 그의 스윙을 눈앞에서 보고 싶다. 그와 함께 골프와 인생에 관해 이야기하다 보면 그의 샷처럼 18홀 라운드도 금세 지나갈 것 같다.

물론 유명인이 아니더라도 함께 라운드하고 싶은 사람이 있다. 일단 남과 다른 특이한 매력이 있는 사람은 '저 사람, 골프 칠 때는 어떨까?' 궁금하다. 인간적으로 존경하는 사람은 라운드로 더 친해지고 싶다. 같은 골프를 하고 있어도 같이 하고 싶은 사람이 있고, 같이 하고 싶지 않은 사람이 있다. 나는 과연 누군가가 함께 라운드하고 싶은 사람일까?

원볼 플레이

18홀 동안
혼자
날고
구르고
구멍 속으로
들어가느라
수고
많았다

진심골프 ③

힘들다. 골프

좋아하는 만큼
잘하기가
힘들다

잘 못하는데도
싫어하기가
힘들다

진심골프 ④

사진 : 양희철

03
아는 데, 아는 데, 안 된다

머리는 몸에 속고 있다

"몰라서 못 하나…. 안 되니까 못 하지…." 골프 하면서 참 많이 하는 말이다. 분명히 머리로는 잘 알고 있는데, 운동 신경이 없는 내 몸이, 나이 든 내 몸이 따라주지 않는다는 뜻이다. 골프는 머리로도 하지만 몸이 하는 운동이다. 백스윙 시 몸을 충분히 회전해야 한다고 알고 있고, 머리는 스윙의 축이니 좌우상하로 움직이지 않아야 한다고 알고 있고, 스스로 그렇게 하고 있다고 믿고 있다. 체중이동도 본인은 충분히 하고 있다고 생각한다. 그래서일까? 본인의 스윙이 이상하고 솔직히 보기 싫은 지경인 골퍼도 다른 사람의 스윙을 지적하고 조언한다. 본인의 스윙은 정작 못 보니까, 아니면 본인에게 지나치게 관대하니까. 슬로 플레이도 마찬가지다. 거의 슬로 플레이에 가까운 어느 지인이 캐디에게 "우리처럼 진행 빠른 사람들이면 캐디가 운 좋은 거지"라고 말하는 것을 보고 나머지 동반자들은 경악했다. '사람은 자기 자신을 보는 게 가장 어려운 것이구나'라고 생각했다.

일단 우리는 우리 몸을 선수의 몸이라고 생각하는 듯하다. 타이거 우즈나 로리 매킬로이의 몸이라고 착각한다. 골퍼들 대부분은 배가 두툼한 중년의 아저씨고 아줌마다. 근육이 감소해서 근력이 떨어지고 있는 몸이다. 머리로 알고 이를 몸에 명령하면 당연히 따라줄 거로 생각하지만, 우리는 늘 몸에 배신당한다. 몸은 늘 우리 의도를 외면한다. 머릿속에서 생각한 나의 스윙과 실제 나의 스윙은 얼마나 다른가. 지인 한 명이 이런 얘기를 했다. "내 스윙 동영상을 보면 두 번 놀란다. 한 번은 머리가 너무 커서 놀라고, 한 번은 스윙이 말도 안 되게 안 좋아서 놀란다. 나 찍지 마. 꼴 보기 싫다." 그래서 우리는 스윙 동영상을 찍어야 한다. 내가 내 스윙을 볼 수 없으니, 그 스윙을 보고 고쳐야 하기에…. 요즘 휴대전화는 카메라 화질이 좋다. 초 슬로모션으로 찍을 수도 있고, 간단하게 편집할 수도 있다. 누군가에게 찍어달라는 것도 좋지만 스스로 찍어 보는 것이 좋다. 셀카봉을 겸하는 간단한 삼각대는 비싸지 않은 가격에 살 수 있다. 블루투스 기능도 있다. 정면과 측면에서 동영상을 찍어보자. 드라이버샷이나 아이언샷만 찍지 말고 어프로치샷이나 퍼팅도 동영상에 담아보자. 필드보다 연습장에서 찍으면 시간 여유가 있어 필요한 영상을 얻기 쉽다.

스크린이 설치되어 있는 연습장에서는 화면으로 스윙이 촬영되어 나오기도 한다. 하지만 스치듯 지나가므로 정밀하게 본인의 스윙을 분석하기 어렵다. 최근엔 스윙을 분석해주는 골프 앱도 다양하게 출시되고 있다. 동영상을 올리면 스윙에 대해 많게는 50개 항목으로 분석해주는 앱도 있다. 평소에 연습할 때 거울과 친해지는 것도 내 머리가 몸에 속지 않도록 하는 방법이다. 구간 구간으로 나눠서 백스윙해본다든가, 백스윙 톱 위치를 점검할 때 큰 거울이 있는 타석보다 좋은 곳은 없다. 더 많은 샷으로 연습하는 것보다 내 스윙을 직접 보면서 점검하는 연습이 효율적이다.

레슨 프로들이 가르치기 가장 어렵다는 고객이 있다. 아는 것은 많은데 몸이 안 된다는 사람이다. 사실 몸이 안 되면 그것은 아는 것이 아니다.

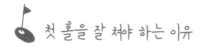

첫 홀을 잘 쳐야 하는 이유

개인적으로 라운드에서 하지 않았으면 하는 것이 첫 홀 일파만파다. 한 명도 파를 하지 못한 경우도 있으니 그냥 '올파'라는 표현이 맞겠다. "첫 홀은 연습이니까…" 이렇게 다들 자위한다. 캐디는 "첫 홀은 올파로 이미 인쇄되어 있어요"라고도 말한다. 마지막 홀도 올파로 적는 팀도 봤다. 18홀 중에 두 홀을 가짜 스코어로 적는 셈이다.

한국은 새벽 티오프가 많다. 골프장까지 가는 거리도 차로 한 시간 이상이다. 캐디 따라서 하는 스트레칭을 해도 첫 홀은 대부분 몸이 덜 풀린 상태다. 게다가 처음 보는 동반자라도 있으면 긴장감이 더해져 첫 홀을 잘 치기는 쉽지 않다. 그래서 첫 홀이 중요하다. 첫 홀 첫 티샷 그리고 첫 홀 퍼팅이 그날의 라운드를 좌우한다. 첫 홀 티샷이 항상 왼쪽으로 감겨 오비 혹은 페널티 에어리어에 들어간 적이 있었다. 첫 홀 티샷 실수가 반복되니 나중엔 티잉 구역에 올라가는 것조차 두려울 정도였다. 몸이 아직 안 풀린 상태에서 몸 회전이 부족하다 보니 샷이 왼쪽으로 당겨지는 게 원인이었다. 그래서 라운드하기 전 루틴을 바꾸었다. 새벽 티오프면 일단 평소 루틴보다 30분 전에 일어나서 연습장에 가거나, 연습장이 열리지 않는 시간이면 집에서 스트레칭과 빈스윙을 30분 동안 했다. 평소보다 더 일찍 일어나 연습하고 스트레칭하는 것이 귀찮고 힘들었지만, 왼쪽으로 당겨지는 티샷은 이내 없어졌다.

첫 홀 티샷 실수는 많은 생각을 하게 한다. 미스샷이 반복되면 그날의 라운드를 걱정하게 되고 자신감도 떨어진다. 첫 홀 스코어를 망치면 라운드 내내 무거운 짐이 된다. 충분히 몸을 풀고 많이 움직이고 첫 홀 티잉 구역에 서기 바란다. 그저 밥을 먹기 위해서, 커피를 마시기 위해서 골프장에 일찍 도착해야 하는 것이 아니다. 골프장에서 빈스윙을 20번만 해도 처음 티샷하는 데 많은 도움이 된다. 10번만이라도 해보자.

첫 홀 티샷만큼 중요한 것이 첫 홀 퍼팅이다. 롱퍼팅은 거리감이 중요한데, 그린 컨디션과 내 퍼팅스트로크가 얼마나 맞는지 가늠할 수 있다. 다행히 긴 퍼팅을 핀에 붙여서 첫 홀에 기분 좋게 컨시드를 받게 된다면 상관없지만, 숏퍼팅 거리가 남는다면 문제다. 왠지 이 숏퍼팅을 놓치면 라운드 내내 숏퍼팅에 자신이 없을 거 같은 느낌이 든다. 특히 타당 스트로크 게임을 하면 더 그렇다. 그리고 실제로도 첫 홀의 숏퍼팅이 그날의 퍼팅을 좌우한다. 반드시 성공해야 할 퍼팅이다. 우리가 꼭 골프장의 연습 그린에 들러야 하는 이유다. 누군가가 퍼팅을 연습하고 있으면 "뭐 그렇게 열심히 해"라며 빈정거리기도 하지만, 우리가 골프장 연습 그린에서 퍼팅을 연습하지 않으면 어디에서 연습하겠는가? 동반자들끼리 클럽하우스 레스토랑에서 만나 식사하고 이야기 나누느라 개인 연습 시간이 없을 수도 있다. 하지만 아무리 시간이 없어도 긴 퍼팅과 짧은 퍼팅 10개씩이라도 연습을 해보자.

후반 첫 번째 홀도 마찬가지다. 15분 이상 그늘집에서 쉬고 막걸리라도 한잔하면 풀렸던 몸은 다시 굳어지고, 취기가 올라서 후반 첫 홀에 미스샷 할 가능성이 크다. 미스샷을 하고 '너무 쉬었나 봐'라는 푸념을 자주 하지는 않았는가? 이때도 캐디가 부르기 전에 조금 일찍 나가서 굳어진 몸을 다시 풀 필요가 있다.

전반에 강한 골퍼가 있고 후반에 더 잘 치는 골퍼가 있다. 전반에 약한 골퍼는 첫 홀, 두 번째 홀에 무너지는 골퍼가 많다. 방법은 하나다. 충분히 몸을 푸는 것. 잊지 말자. 첫 홀에서 잘 치면 그날의 라운드를 희망으로 시작할 수 있다.

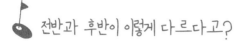
전반과 후반이 이렇게 다르다고?

　전반 9홀과 후반 9홀의 스코어 차이가 많이 나는 골퍼가 있다. 싱글 핸디캡 실력자가 전반에 보기플레이를 한다. '소문보다 잘 못 치네?'라고 생각했는데 후반에 이븐파를 쳐서 결국 한 자릿수 오버 파를 기록한다. 전반의 그분과 후반의 그분은 완전히 다른 사람이 다. 반대도 있다. 전반엔 '라베'를 기록할 기세였다가 후반에, 그것 도 마지막 몇 홀에 와르르 무너져서 아쉽게 라운드를 마치는 골퍼 를 많이 본다. 이런 식의 라운드가 반복되면 징크스가 되고 자신감 을 잃는다. 물론 스코어와 상관없이 전후반 비슷한 스코어를 기록 하는 사람도 있다. 전후반 차이가 크게 나는 사람에게는 '나이아가 라 상', 차이가 별로 안 나는 사람에게는 '잉꼬 상'이란 별칭으로 상 을 줬다는 동호회도 있다.

플레이하는 시간만 계산해도 4시간이 넘는 골프, 18홀은 길다. 18홀 동안 최상의 컨디션을 유지하기는 쉽지 않다. 초반엔 몸이 덜 풀렸을 가능성이 크고, 마지막 몇 홀은 체력이 급격히 떨어져서일 수 있다. 지인 중 한 명은 늘 마지막 세 홀에 무너진다. "나는 15홀 용인가 봐"라고 자조 섞인 말을 하지만, 옆에서 보기에 안타깝다. 마지막 세 홀만 잘 지켰어도 기록할 수 있는 좋은 스코어를 매번 놓쳐서 그렇다.

일단 전후반 스코어 차이가 크게 나는 사람은 루틴을 바꿀 필요가 있다. 특히 대한민국 골프장은 전반을 끝내고 그늘집에서 보내는 시간이 길다. 후반이 약한 골퍼는 그늘집에서 음식 먹고, 술 마시는 루틴을 달리 하는 것에 진지해질 필요가 있다. '그늘집 막걸리 마시는 맛에 골프 친다'라고 말하는 사람도 있고, '중간에 한잔하면 긴장도 풀리고 좋다'라고도 하지만, 그건 정말 그렇게 해도 잘 치는 사람들 얘기다. 9홀을 치고 쉬는 시간에는 말 그대로 재충전을 해야 한다. 물을 마시거나 가벼운 음식을 섭취해서 후반을 준비해야 한다. 이때 과식하거나 과음하면 전반의 좋았던 컨디션을 후반까지 유지하기 어렵다.

첫 홀이나 초반에 약한 사람은 몸을 충분히 풀고, 카트를 타기보다는 걷는 것도 좋은 방법이다. 특히 후반부에 약한 골퍼는 멘탈 문제로 떠넘기기보다는 자신의 체력에 대해 겸손하게 돌아볼 필요가 있다. 체력을 과신하지 말자는 이야기다.

오르막 파5에서 카트를 안 타고 처음부터 끝까지 걸으면 체력소모가 엄청나다. 볼을 찾으러 산에 올라갈 때도 급하게 뛰어가다가 근육에 경련이 일어날 수 있다. 첫 홀에 늘 스코어가 잘 안 나오는 골퍼는 공략을 조금 더 보수적으로 할 필요가 있다. 티샷을 드라이버가 아닌 다른 클럽으로 하는 것도 방법이다. '보기만 하자. 잘 되면 파할 수도 있고'라고 생각하자. 이는 후반에 약한 골퍼도 마찬가지다. 무리하게 도전하기보다는 보수적으로 지키는 골프를 할 필요가 있다. 더블 이상은 안 하는 골프가 그것이다.

스코어 편차가 많지 않고 꾸준한 사람의 특징은 다름 아닌 숏게임이다. 18홀을 치다 보면 샷 컨디션은 중간에 바뀔 수 있다. 스코어를 지키고 다시 샷 컨디션을 끌어올릴 수 있는 비결이 숏게임이다. 그린에 올리지 못해도 파세이브를 하는 스크램블링, 벙커샷에서 파세이브를 하는 것, 파를 하지 않아도 보기로 막는다면 주말골퍼 수준에서는 스코어 기복을 막을 수 있다.

멘탈 관점에서 본다면 '나는 첫 홀에 약하니까', '나는 마지막 두 홀은 늘 불안해'라는 생각은 생각을 떠올리는 것이 문제다. 코끼리를 생각하지 말라고 하면 오히려 더 생각난다. 이때는 최대한 빨리 이를 극복하는 성공 사례를 만들어야 한다. 다짐만으로는 극복할 수 없다. 실제로 경험해야 이겨낼 수 있다.

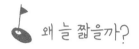 왜 늘 짧을까?

파3에서 웨이브사인 플레이를 주고 그린 뒤편에 물러나서 다음 팀이 치기를 기다린다. 이때 어떤 동반자가 말한다. "길면 여기까지 오지 않나?" 캐디가 자신 있게 대답한다. "걱정하지 마세요. 여기까지 절대 안 와요. 한번 보세요. 다 짧을 거예요." 역시 모든 샷이 짧았다. 사실 우리 팀 샷도 모두 짧았다. 주말골퍼의 샷은 대부분 짧다. 길 때도 있지만, 길 때보다 짧을 때가 더 많다. 왜 그럴까? 일단 본인의 거리를 과대평가하는 데 원인이 있다. 연습장 매트에서 가장 잘 맞은 샷을 본인의 평균 거리로 잘못 알고 있을 가능성이 있다. 7번 아이언으로 한 번은 120미터를 보내고, 한 번은 140미터를 보냈다면 평균 거리는 140미터가 아니고 130미터이다.

그린에 짧게 올리고 '오르막 퍼팅하려고 그랬어'라는 허세도 우리는 많이 들었다. 어프로치샷을 짧게 해놓고 '백스핀 먹었네?'라고 우기는 골퍼도 꽤 봤다. 본인의 비거리를 정확하게 알 필요가 있다. 스크린골프의 거리 세팅은 믿지 말자. 과하게 많이 나오는 스크린 골프에서의 거리만 믿고 필드에서 낭패 본 경험이 있지 않은가. 본인의 거리를 알 때는 전체 비거리 중에 캐리 거리가 얼마인지를 정확하게 알아야 한다. 그린의 상태에 따라 런을 기대할 수 있는 그린이 있고 그렇지 않은 그린이 있으니 그렇다. 필드에서 거리측정기를 잘 활용해서 측정해보면 내가 이 클럽으로 대략 어느 정도 보낼 수 있는지를 알 수 있다. 특히 포대 그린이 많은 한국의 골프장은 충분한 거리를 쳐야 온그린에 성공할 수 있다. 우리는 포대 그린 앞에서 4명의 동반자 모두 웨지를 들고 어프로치샷을 준비하는 풍경에 익숙하지 않은가. "예전에 거리측정기가 없을 때는 알아서 조금씩 길게 불러줬었는데, 본인이 거리측정기로 측정하면서부터 오히려 더 짧게 친다"라고 어느 캐디는 말한다. 한 클럽이나 두 클럽 더 잡으면 올라갈 수 있는데, 붙일 수 있는데, 우리는 여전히 짧게 치고 있다.

짧게 치는 또 다른 이유는 습관이다. 그렇게 쳐왔기 때문이다. 탑핑이 나서 뒤로 훌쩍 넘어가는 게 두려워서일 수도 있고, 막연히 긴 것보다는 짧은 것이 좋다는 생각에 그럴 수도 있다. 만일 모든 샷이 짧다면 이렇게 한번 해보자. 남은 거리에 10을 더하자. 150미터가 남았다면 160미터라고 생각하고, 100미터가 남았다면 110미터라고 생각하고 치자. 짧은 어프로치가 늘 짧다면 5미터를 더하자. 거리를 더해 놓고 클럽을 잡는다면 결국 한 클럽 이상 더 잡게 된다. 어프로치샷에서 볼이 떨어져 구르기 시작하는 지점을 좀 더 핀에 가깝게 설정해 놓는 것도 방법이다. 그린 바로 앞에 붙이고 그린에 올리지 못하는 어프로치샷도 우리가 자주 하는 실수 아닌가.

'오르막 퍼팅이 쉽고 내리막 퍼팅은 어렵다'라는 편견도 버릴 필요가 있다. 이 말은 그린 스피드가 매우 빠른 그린에서는 맞는 말이다. 하지만 주말골퍼들이 라운드하는 일반적인 골프장은 내리막 퍼팅이 내 퍼팅 스트로크와 맞는 경우도 많다. 퍼팅이 지나가면 다음 퍼팅이 어려울 거라는 생각에 짧게 하지만, 지나가도 다음 퍼팅이 어렵지 않다고 생각하면 스트로크가 과감해질 수 있다.

샷이 짧은 이유 중 또 다른 하나는 자존심이다. '저 녀석은 7번 아이언을 치는데 내가 5번 아이언을 칠 수는 없지'라는 생각 때문이다. 유치한 생각이다. 동반자 중 하나가 "아이언 안 치고 유틸리티 치려고? 웬 몽둥이?"라는 말을 하면, 아이언으로 분명히 짧을 줄

알면서도 아이언을 들게 된다. 그러고는 "잘 안 맞았어"라고 변명한다. 잊지 말자. 짧게 치면 홀 안에 들어가지 않는다. 지나가야 홀인원도 할 수 있다.

골프가 갑자기 안될 때

LPGA의 전설 케이티 휘트워스는 통산 88승을 거뒀다. 역사상 최다승이다. 더 놀라운 것은 그녀가 17시즌 연속으로 해마다 1승 이상을 거뒀다는 사실이다. 이 전설에게 슬럼프는 다른 나라 얘기인 듯하다. 흑인 골퍼의 위상을 높인 선수로 평가받는 캘빈 피트는 10년 연속 드라이브 정확도^{페어웨이 안착률}에서 1위를 차지했다. 그 것도 네 번이나 80퍼센트를 넘겼다. 페어웨이가 좁은 투어 코스에서 남자 선수가 10년 연속 1위라니⋯. '미스터 정확성_{accuracy}'이라고 불렸는데, 이 정도면 '미스터 일관성_{consistency}'이라고 불러도 될 것 같다. 적어도 드라이버에서는 슬럼프가 없었던 듯하다.

선수들은 여러 가지 이유에서 슬럼프를 겪는다. 대부분 기술적인 문제다. 더 잘하기 위해서 스윙을 바꾸는 와중에 슬럼프가 오기도 한다. 스윙을 바꾼 뒤 슬럼프를 겪다가 다시 원래 스윙으로 돌아가서 재기에 성공하는 예도 있다. 아주 사소한 문제를 고치려다 원래 스윙을 잃고 슬럼프에 빠진다. 골프공이나 골프채 스폰서를 바꾸고 본인과 맞지 않아서 슬럼프에 빠지기도 한다. 슬럼프가 길어지고 특정 샷에 대해 트라우마가 생기면 입스yips가 오기도 한다. 입스는 기술적인 문제에 정신적인 불안감이 더해져 말도 안 되는 결과로 이어지는 것인데, 선수들의 인터뷰나 기사를 보면 '드라이버 입스', '퍼팅 입스' 때문에 힘든 시간을 보내다가 이를 극복했다는 인터뷰를 볼 수 있다. '드라이버 티샷을 해야 하는데 백스윙을 도저히 할 수 없었다'라고 고백한 선수도 있고, '20센티미터 퍼팅에서도 손이 떨려 스트로크를 할 수 없었다'라고 이야기한 선수도 있다.

주말골퍼들은 슬럼프가 갑자기 온다. 분명히 지난주까지는 잘됐는데, 심지어 어제도 잘 됐는데, 오늘 갑자기 안된다. 그래서 '오늘 하루만 그런 거겠지'라고 생각했는데 계속 안된다. '몸이 안 좋아' '과음해서 그래'라고 온갖 이유 같지 않은 이유를 대지만, 어느 순간부터 더 댈 핑계가 없다. 그때 꺼내는 말이 "나 슬럼프에 빠졌나 봐"이다. 드라이버가 안되면 아이언은 그럭저럭 됐는데, 아이언이 안되면 어프로치로 어떻게든 막았는데, 뭐 하나 제대로 되는 게 없는 상황에 놓인다. 한마디로 총체적 난국이다. 골퍼라면 누구나 이런 경험이 있을 것이다. 당장 다음 주에 중요한 라운드가 있는데, 내 맞수는 일취월장하며 잘 나가고 있는데 말이다.

이럴 때 가장 좋은 방법은 좋은 선생님을 찾아가는 것이다. 본인이 찾아내지 못하는 문제를 정확하게 진단해주는 사람에게 가야 한다. 슬럼프를 극복하는 데 가장 문제가 되는 것은 '오진'이다. 일단 '내 스윙은 내가 잘 알지'라는 오만에 가까운 확신이 오진의 출발이다. 내과적 치료가 필요한 사람이 외과적 처방을 받아 병을 고치려고 하는 것과 같다. 주변 지인들의 '오진' 역시 내 슬럼프를 길게 한다. 이때 정확한 진단은 데이터에 기반하면 좋다. 선생님이나 주변의 도움 없이 스스로 교정하려면 일단 동영상부터 찍어보자. 후면, 정면, 측면 그리고 슬로모션으로. 스윙 동영상은 적어도 3개월에 한 번씩 찍어두는 것이 좋다. 이전 스윙과 지금 스윙을 기간별로 비교할 수 있으니까.

사실 골프는 갑자기 안되는 것이 아니다. 조금씩 안 좋아지다가 어느 날 폭발적으로 안되는 것이다. 갑자기 샷이 안되는 이유를 보면 가장 대표적인 원인이 무너진 스윙 템포이다. 대부분 빠르게 변해 있다. 템포가 바뀌면서 리듬도 바뀌고 스윙 플레인이나 스윙 패스가 바뀐다. 스윙 템포를 여유 있게 하는 것만으로도 슬럼프에서 벗어날 수 있음을 명심하자. 템포와 연관이 있는 것이지만 '회전 부족' 역시 슬럼프의 원인이 된다. "완전 팔로만 치는데?"라는 주변의 걱정 들어본 경험 있는가? 이럴 때는 일단 모든 걸 내려놓고 다시 골린이로 돌아가자. 기본부터 시작하자. 테이크어웨이에 좀 더 집중하고, 셋업이나 그립을 다시 점검하자. 때론 가장 기본적인 처방이 묘약이 될 수도 있다.

골프가 갑자기 안될 때는 신체에 변화가 왔는지 점검해봐야 한다. 몸의 부상이 원인은 아닌지, 나이가 들면서 체중 변화가 생기거나 체형 변화가 온 것은 아닌지 살펴봐야 한다. 근육량이 현저히 줄고 헤드 스피드 역시 느려졌는데 예전 스펙인 골프채를 고집하다가는 또 다른 부상이 찾아온다. 골프를 오래 했다고 해서 어려운 골프채를 고집하거나 초·중급자용 스펙을 경시하지 말자. 골프채는 내 몸에 맞는 스펙이 가장 좋다. 부상 정도가 심하면 한동안 골프를 중단해야 한다. 슬럼프가 심할수록 한동안 골프에서 떠나보자. 안되는 것을 제대로 진단하지도 않고 모든 이유를 '연습 부족'에서 찾지 말자. 진단 없이 200개를 치든 300개를 치든 그것이 내 골프에 무슨 도움이 되겠는가. 문제를 잘 풀려면 문제를 잘 알아야 한다. 슬럼프에 빠지면, 나의 몸과 나의 스윙을 먼저 돌아보자!

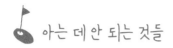 아는 데 안 되는 것들

"알 만한 사람이 왜 그래?" 부모님이나 선생님 또는 상사에게 혼날 때 자주 듣던 말이다. 아는 데 안 하는 것은 몰라서 못 하는 것에 비해 괘씸죄가 추가되기도 한다. 골프가 그렇다. '아는 데, 아는 데 몸이 말을 안 들어…' 이 또한 많이 듣던 말이고 많이 하는 말이다. 레슨 프로에게 항변하듯 이렇게 말한 적은 없는가? 지인이나 동반자에게 내 스윙에 그만 좀 이래라저래라하지 말라는 의사표시로 이런 말을 하지는 않았는가? 라운드하다 보면 실수를 하게 된다. 실수는 누구나 할 수 있다. 그 실수를 다음에 하지 않는 것이 아는 것이고, 그럴 때 아는 것이 힘이 된다. 잘 아는 데 필드에서 안 되는 것들이 있다. 수도 없이 들었던 말인데 계속 반복하는 실수가 있다.

1. 지나가야 들어간다

'Never up Never in'. 얼마나 많이 듣는 말인가. 얼마나 상식적인 말인가. 1번 홀에서 한 퍼팅이 짧다. '여기 그린이 좀 느리네, 세게 쳐야겠어'라고 말한다. 그러고는 마지막 홀에도 짧게 친다. 주말 골퍼끼리는 30센티미터가 짧아도 컨시드고 30센티미터가 지나가도 컨시드다. 똑같은 거리에 붙인 것이다. 차이가 있다면 지나가면 들어갈 수 있고, 짧으면 들어갈 수 없다. 가끔 어느 골프장에 이벤트 홀로 만들어 놓은 빅홀은 일반 홀보다 두세 배 크지만, 이 홀 역시 짧으면 들어가지 않는다.

2. 잘 치는 거리를 남기자

'모던 스윙'의 창시자라고 불리는 벤 호건은 '다음 샷을 하기 가장 좋은 곳에 보내는 것이 골프의 80퍼센트다'라는 말을 했다. 골프에 무조건은 없다. 늘 갖가지 조건들이 따라다니고 최상의 조건을 만들기 위한 샷을 한다. 역시 수도 없이 듣던 이야기다. 파4와 파5의 모든 티샷을 드라이버로 할 필요는 없다는 것도 잘 알고 있다. 다만 조금이라도 더 멀리 보내려는 인간의 욕망이 벤 호건의 격언을 잊게 한다.

3. 나쁜 라이에서는 레이업하라

대한민국 골프장은 대부분 산악 골프장이다. 국토의 70퍼센트가 산이니 어쩌겠는가. 오르막 내리막이 심하고 특히 언덕이 많다. 상황이 이렇다 보니 언덕 중간에 공이 가 있는 경우가 생긴다. 연습장에서는 샷이 잘 되는데 필드만 나오면 안 된다는 골퍼의 하소연도 대부분 앞, 뒤, 옆 경사에 기인한다. 안 좋은 라이의 샷은 일단 좋은 라이에 레이업하고 그다음 샷을 노려야 한다는 것을 주말골퍼도 알고 있다. 잘 알고 있음에도 우리는 언덕 경사의 샷을 위해 우드와 롱아이언을 들고 간다. 아는 데, 아는 데 안 된다.

4. 벙커에서는 탈출이 먼저다

벙커는 일종의 해저드페널티 구역다. 벙커가 얼마나 위험한지는 '벙커 탈출'이라는 말에서 알 수 있다. 탈출해야 하는 곳이다. 볼이 벙커 밖으로 나가기만 해도 "나이스 아웃!"이라고 칭찬하지 않는가. 가끔 중계를 보면 선수들은 그린 주변의 벙커가 러프보다 쉽다는 해설을 듣게 된다. 그것은 선수들의 이야기다. 러프가 길고 질긴 투어의 이야기다. 실제로 선수들의 평균 벙커 세이브율도 50퍼센트 남짓이다. 그린사이드 벙커에서는 붙이려 하지 말고 내보내고, 페어웨이 벙커는 멀리 보내려고 하지 말고 적당한 거리만 보낸다면 충분히 다음 샷을 노릴 수 있다.

5. 맞바람일수록 부드럽게 스윙하라

선수들은 맞바람일수록 힘을 빼고 더 부드럽게 스윙한다. 이 얘기도 많이 들어 알고 있다. 맞바람이면 샷을 하기 전부터 힘이 들어간다. 평소에도 힘이 안 빠져 있는데, 앞에서 바람까지 부는데 어떻게 힘을 뺄 수 있나. 단 1미터라도 아니 단 10센티미터라도 더 보내기 위해 우리는 온몸에 온 힘을 다한다. 빈스윙은 힘을 빼고 부드럽게 할 수 있을지 몰라도 실제 스윙은 그렇게 하지 못한다.

6. 굴릴 수 있으면 굴려라

남아공의 위대한 전설 게리 플레이어는 마치 래퍼처럼 라임을 맞춰 이런 말을 했다. 'High makes cry. Low for the dough.높이 치면 울 것이다. 낮게 치면 돈을 벌 것이다'라는 말이다. 그만큼 어프로치샷은 낮게 굴리는 것이 유리하다는 뜻이다. 알지만 우리는 띄우려고 하다가 뒤땅을 치고 온탕 냉탕을 왔다 갔다 한다.

7. 티잉 구역을 넓게 써라

본인의 구질에 따라 보내고자 하는 방향에 따라 티잉 구역을 넓게 써야 한다는 것을 우리는 안다. 그런데도 무조건 가운데에 티를 꽂고, 심지어는 어느 곳이 가운데인지 살피고 티를 꽂는 사람도 있다. 혹시 모른다면 가서는 안 되는 쪽을 활용하자. 오른쪽이 위험하면 티잉 구역 오른쪽을, 왼쪽이 두려우면 티잉 구역 왼쪽을 활용하자.

8. 한 클럽 넉넉하게 잡아라

라이가 안 좋은 경우, 페어웨이가 아닌데 그린 앞에 위험 요소가 있는 경우에는 한두 클럽 여유 있게 잡아야 하는데도 타이트하게 잡아서 실수한 적이 있을 것이다. 선수들의 팁을 보면 한두 클럽 넉넉히 잡으라는 말을 자주 한다. 주말골퍼들의 샷은 대부분 짧다. 한두 클럽 길게 잡아야 할 때 그렇게 하지 않아서다. 본인의 비거리를 과신해서 그렇다.

골프는 아는 것을 상황에 걸맞게 실행하는 운동이다. 어떤 샷을 하기 전에 골프만큼 긴 고민을 하는 스포츠가 있는가. 그만큼 매번 다른 조건이 존재하고 다른 선택을 요구받는다. 아는 데 안 하면 결국 모르는 게 되지 않을까. 아는 것만이 힘은 아니다. 아는 것을 하는 것이 힘이다.

"넌 숏게임만 좀 잘하면 완전 싱글일 텐데…", "넌 퍼팅만 보완하면 무조건 80대인데…" 이런 말을 자주 듣는 골퍼가 있다. 그런데 이런 얘기를 10년이 지나도 20년이 지나도 계속해서 듣는다면 분명 문제가 있다. 숏게임만 잘하면에서 숏게임을, 퍼팅만 잘하면에서 퍼팅을 계속 못 한다는 의미이다. 왜 그럴까? 답은 의외로 간단하다. 연습을 안 하는 것. 우리는 중요하다고 생각하면서도 숏게임 연습을 안 한다. 왜 그럴까?

1. 롱게임부터 잘해야지

드라이빙 레인지에 가서 타석에서 연습하고 있는 골퍼들을 보자. 아마 그들 중에 적어도 반은 드라이버를 치고 있을 것이다. 숏게임은 어느 수준에 도달한 사람들이 더 잘하기 위해 하는 것이고, 일단 나는 드라이버와 아이언부터 잡자는 생각일 것이다. 머릿속에 롱게임 먼저, 그다음 숏게임이라는 생각이 이미 자리 잡은 것이다. 연습할 때 200개 정도 친다고 하면, 100개는 드라이버를 치고, 필드에서 잘 치지도 않는 3번 우드도 열심히 때리고, 웨지는 풀샷으로 얼마 정도 나가나 몇 번 쳐본다. 웨지 몇 번 치다가 다시 드라이버를 잡는다. 그렇게 연습을 끝낸다. 숏게임부터 잡자고 다짐해보자. 어프로치샷 연습을 많이 하면 샷도 좋아진다. 롱게임과 숏게임에서 '롱'이 '숏'보다 중요해서 '롱'인 것은 아니다.

2. 시간이 없다

연습장에 자주 가지도 않는데, 일주일에 겨우 한 번 가는데 드라이버 때리기에도 시간이 부족하다. 우리의 골프백에는 14개의 클럽이 있는데도 말이다. 골프채가 많다는 것은 그만큼 연습할 메뉴가 많다는 것. 드라이버 연습하기에도 시간이 부족한데 언제 어프로치 연습하고 퍼팅 연습하느냐. 결국 연습을 안 하는 사람은 숏게임 연습도 안 한다는 얘기다.

3. 드라이버도 샷이 좋아야 멋있지

골프는 스코어 게임이다. 그런데도 많은 골퍼는 '티샷과 우드, 아이언샷이 좋아야, 공이 쭉 뻗어야 멋있지'라고 생각한다. "그 친구 샷은 별로인데 설거지를 잘해." 여기에서 설거지란 말은 숏게임을 다소 깎아내리는 듯한 인상을 준다. 파온을 못하고 그린 주변에서 어프로치로 붙여서 파세이브하는 골프를 스스로 '시니어 골퍼'라며 비하하기도 한다. 어프로치샷도 샷이다. 퍼팅도 샷이다. 다니엘 버거는 스크램블링이 75퍼센트에 달한다. 그린을 놓쳤을 때도 파나 그 이상을 기록하는 확률이 75퍼센트라는 뜻이다. 얼마나 멋진가? 어프로치로 핀에 붙여서 원펏으로 끝내는 것, 아무리 먼 거리도 절대 쓰리펏하지 않는 것. 멋진 일이라고 생각하자. 골프에 예술점수는 없다. 골프는 결국 스코어를 줄이는 게임이다

4. 나중에, 나중에

자꾸 미룬다. 어프로치 연습과 퍼팅 연습을. '드라이버부터 잡고'와 비슷한 얘기인데, 그러다가 끝내 안 한다. 연습장에 가면 일단 웨지샷부터 시작하자. 퍼팅 연습은 반드시 하자. 그런 후에 드라이버 연습을 하자. 구력이 쌓인다고 숏게임이 저절로 되는 것은 아니다. 연습 안 하면 나중에도 안 된다.

5. 비거리 욕심

'드라이버로 이 정도는 보내야지. 7번 아이언이 이 정도는 나가

야지'라는 거리 욕심이 연습장에서 드라이버와 7번 아이언만 때리게 한다. 드라이버로 200미터 보내는 것도, 어프로치샷으로 20미터 보내는 것도, 2미터 퍼팅도 똑같이 한 샷이다.

6. 재미가 없다

숏게임 연습을 열심히 하지 않는 사람들은 대부분 이 연습에 흥미가 없다. 한마디로 재미없다고 한다. 네트를 뚫을 듯 펑펑 소리가 나야, 그물 상단에 꽂혀야 재밌다고 한다. 10미터, 20미터를 툭툭 쳐서 보내는 건 재미없다고 한다. 장담하건대 스코어가 좋은 사람은 숏게임이 재밌다고 하는 사람이다. 단 하루만이라도 드라이버와 아이언을 골프백에서 다 빼고 연습장에 웨지와 퍼터만 가져가보자. 70분 동안, 100분 동안 다른 거 연습하지 말고 숏게임만 연습해보자. 속으로 '재밌다, 재밌다'라고 자기 암시를 하면서…. 다른 연습 안 하고 오직 숏게임만 연습하면 스코어는 반드시 준다. 그것도 많이 준다.

라운드 중 하는, 말이 안 되는 말

라운드하다 보면 가끔 말이 안 되는 말이 있다. 물론 왜 그렇게 말했는지 이해하지만, 생각해보면 참 재밌는 말이다. 대부분 본인의 잘못을 인정하지 않거나 스스로 위안하는 말이다. 골프만큼 핑계와 합리화가 난무하는 운동이 세상에 또 있을까?

1. 맞긴 잘 맞았는데

오른쪽으로 오비를 내고 혹은 왼쪽으로 간 볼이 페널티 구역으로 들어간다. 아슬아슬하게 들어간 것도 아니고 처음부터 그쪽으로 출발해서 깊이 들어간다. 그때 이런 말을 하는 골퍼가 주변에 꼭 있다. "아, 맞긴 잘 맞았는데…" 똑바로 갔는데도 너무 잘 맞아서 페널티 구역으로 들어간 경우엔 이렇게 말할 수 있는데, 볼이 분명 심하게 좌측이나 우측으로 출발해서 갔는데 왜 이런 말을 할까? 이해하면서도 이해가 안 된다.

2. 거리는 맞았네

'거리는 맞았네'의 반대말은 '거리가 안 맞았네'가 아니라 '방향은 맞았네'이다. 방향이 조금 좌우로 어긋난 경우엔 이렇게 말할 수 있지만, 방향이 안 맞아도 너무 안 맞았는데, 그린 밖 러프에 볼이 있는데, 남의 집 그린에 볼이 있는데 "거리는 맞았네"라고 한다. 농담처럼 말한다. 이 역시 스스로 위로하는 말이다. 소위 뽕샷이 나서 바로 앞에 뚝 떨어졌는데 '방향은 맞았네' 하는 것과 같은 맥락이다.

3. 백스핀 먹었네

아이언샷도 그렇지만, 특히 어프로치샷을 했는데 턱도 없이 짧았을 때, 혹은 조금 부족할 때 이런 말을 한다. "왜 거기서 백스핀이 먹냐? 그래서 런이 없네…" 그런데 그 백스핀 누가 먹인 것인가? 그리고 정말 백스핀이 걸리긴 걸린 걸까? 그냥 짧았던 거 아닐까? 나는 딱 맞춰 쳤는데 백스핀 때문에 짧아졌다는 귀여운 핑계, 이해는 한다.

4. 노렸는데

퍼팅을 세게 해서 많이 지나가거나 어프로치샷을 너무 길게 했을 때 골퍼들은 '이자가 더 많네'라는 말을 한다. "이번에 노렸어", "너무 과감했네" 정말 그런 걸까? 혹시 힘 조절에 실패한 것은 아니었을까? 이 역시 스스로 위로하는 말이다.

5. 잘못 맞았어

티샷했는데, 멋진 타구음을 내며 볼이 페어웨이를 반으로 가르며 한가운데로 간다. 동반자들의 "나이스샷!" 칭찬을 받고도 샷을 한 사람이 말한다. "아냐, 잘못 맞았어", "제대로 안 맞았어" 이벤트 대회에 참가한 프로선수들도 비슷하게 이야기하는 걸 TV 프로그램에서 본 적이 있다. "이번엔 세게 친 거 같은데?"라고 말하니까, "아냐, 갖다 댔어", "잘못 맞았어"라고 말한다. 선수들의 대화를 들으면서 주말골퍼와 프로가 별 차이가 없다고 생각했다. 미리 깔고 시작하는 것은 아닐까? 자신의 티샷 비거리가 가장 짧을까 봐.

6. 경사가 없었네

퍼팅했는데, 왼쪽이나 오른쪽으로 볼이 빠지면 "어라? 경사가 없었네?"라는 말을 한다. 그때 옆에서 그 스트로크를 보면 어떤가? 대부분 당겼거나 혹은 열지 않았는가? '내 스트로크엔 전혀 문제가 없었어'라고 항변하는 듯한 귀여운 말이다.

7. 안 걸렸네

오른쪽 보고 드로우 걸었는데 안 걸렸네. 왼쪽 보고 페이드 걸었는데 안 걸렸네. 경사가 훅이 나는 라이였는데 그렇게 안 가네. 이 얘기도 참 많이 한다. 심지어 이 말은 상대에게 자신이 고수 같은 인상을 준다. 그런데 가끔 그런 샷메이킹 실력이 안 되는 골퍼에게도 이런 말을 듣는다. 속으로 생각한다. '네가 페이드를 칠 수준이니? 일단 슬라이스부터 고쳐야 하지 않을까?'

8. 나 그쪽 봤나 봐

볼이 푸시나 슬라이스가 나거나 아니면 왼쪽으로 당겨지는 풀샷이 나오면 샷을 하고 나서 어드레스를 풀고 뒤로 나와서 고개를 갸웃거리며 목표지점을 다시 한번 본다. 그러고 나서 하는 말. "나 그쪽 봤나 봐." 어떨 땐 동반자까지 합세해서 "응. 거기 보더라"라고 이야기한다. 맞다. 에이밍은 중요하다. 하지만 미스샷을 하고 무작정 에이밍에 책임을 떠넘겨서는 안 된다.

9. 짧았네, 길었네

가끔 결과에 욕심이 과하게 나는 때가 있다. 충분히 핀 근처에 잘 붙여서 버디 찬스를 만들었는데도 "좀 짧았네", "좀 길었네", "오른쪽으로 갔네" 한다. 우리가 그 정도 실력인가? 어떻게 더 잘 칠 수 있단 말인가. 너무 높은 곳을 보고 있는 것은 아닌가?

 이런 말들을 비난하는 것은 아니다. 이러지 말자고 하는 것도 아니다. '골프라는 운동이 그렇고 그렇다'라는 이야기를 하고 싶었다. 자기합리화, 자기 위로, 정신승리, 온갖 핑계, 못하는 것을 인정하기 힘든 인간의 마음, 골프가 인간적이라고 느껴지게 하는 말들이다. 우리는 앞으로도 계속 이런 말이 안 되는 말을 할 것이다. 필드 위에 계속 서 있는 한….

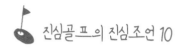

스스로 늘 생각하는 10개 다짐이 있다. 누구나 다 아는 뻔한 것들이다. 그런데 안 하면 까먹는다. 까먹다 보면 지나치게 된다.

1. 동반자를 기다리게 하지 마세요. 특히 스타트에서.
2. 골프장에 가면 연습 그린에 꼭 가세요. 평소에 연습할 곳이 많지 않아요.
3. 라운드 일지를 써보세요. 기록해야 기억합니다.
4. 스윙 동영상을 찍어 보세요. 분명 생각과 다른 나를 발견합니다.
5. 스스로 그린 경사를 보세요. 곧 캐디 없는 시대가 열립니다.
6. 본인의 주무기를 만드세요. 그러면 쉽게 무너지지 않습니다.

7. 라운드 전날 과음하지 마세요. 스코어도 과하게 나옵니다.

8. 그날의 퍼팅 개수를 세어보세요. 퍼팅의 중요성을 느낄 거예요.

9. 루틴은 간결하게, 스윙은 여유 있게. 혹시 반대로 하고 있지는 않나요?

10. 샷이 잘 안 된다고 성질내지 마세요. 나쁜 건 금방 습관이 됩니다.

3년

골프 3년 하면 힘 빠진다며

힘이 안 빠져서

힘 빠진다

머리만 빠진다

진심골프 ⑤

욕망의 강

나와
볼 사이에는
욕망의 강이 흐른다

우리는 그 강에 빠져
허우적거리며

왜
연습 스윙과
실제 스윙이 다르냐며
절규한다

진심골프 ⑥

04
연습은 실전처럼,
실전은 연습처럼

너 자신의 스윙을 알라

내가 내 스윙을 처음으로 본 것은 골프 시작 후 4년 차 때의 일이다. 2년 만에 싱글을 하고 라운드에 가면 당연히 70대 타수를 치는 줄 알았던, 골프에 한창 기고만장했을 때다. 당시로서는 꽤 혁신적인 카메라를 타석에 설치하고, 모니터를 통해서 내 스윙을 보게 되었다. 주변에서 스윙 좋다는 이야기를 심심찮게 들었던 터라 '웬만큼 하겠지'라고 생각하고 돌려본 나의 스윙은, 한마디로 충격이었다. 머리는 좌우로 심하게 흔들렸고, 나름 체중이동을 한다고 하는 스윙은 피니시가 엉망이었다. 임팩트 순간에 공을 안 보고 몸이 일어나면서 이를 악물며 힘주는 모습이 보였다. 스윙하면서 해서는 안 되는 것들을 다 하고 있었다. 내 모습이었지만 정말 보기 싫은 나였다. 내 스윙에 대한 부심이 영상을 보고 2초 만에 무너졌다.

사람들은 대부분 자신의 스윙을 보고 실망한다. 우리 머릿속 이 상적인 스윙인 타이거 우즈나 로리 매킬로이의 스윙과는 거리가 멀 어도 너무 멀기 때문이다. 다른 사람들의 스윙을 보고 은근히 얕잡 아봤던 내가 부끄러웠다. 그들의 눈에도 내 스윙은 형편없이 보였을 테니까…. 내 스윙에서 가장 꼴 보기 싫었던 모습은 얼굴이 일그러 질 정도로 이를 악무는 것이었다. 그날부터 실내연습장에서, 유일하 게 카메라가 설치된 1번 타석에서 카메라에 매달려 내 스윙을 보고 또 보고, 고치고 또 고치게 되었다. 지금 생각해보면 그 연습장 주인 은 내가 참 싫었을 것 같지만, 그렇게 하나둘 스윙을 고쳐갔다.

지금처럼 유튜브나 인스타그램이 없던 시절이고 휴대전화에 동 영상 카메라도 없을 때라서 오직 그 카메라 앞에서만 치고 또 쳤다. 집 근처 상가 지하에 있던 연습장이었는데 겨울 3개월 동안 하루도 빠지지 않고 새벽에 출근했다. 퇴근해서 또 간 적도 많았다. 겨우내 그렇게 연습하고 다시 카메라에 찍힌 내 스윙을 확인해보니, 노력 에 비해 아주 미세한 정도만 변해 있었다. 반드시 고치려고 했던 나 쁜 버릇이 아직 많이 남아있었다. 머리가 복잡해졌다. 내 머릿속에 그리는 스윙을 나는 할 수 없는 것인가. 여기까지가 끝인가. 스스로 위로할 필요가 있었다.

선수 중에 이상한 스윙을 하는 사람을 찾기 시작했다. 일단 악동 존 댈리가 있었다. 오버 스윙이 심하고 플라잉엘보가 심한 스윙으로도 투어에서 처음으로 평균 드라이버 거리 300야드를 넘기지 않았던가. 타이거 우즈와 한때 맞수였던 데이비드 듀발은 임팩트 순간 공을 보지 않았다. '이건 나랑 똑같네…', '아, 공 안 보고도 칠 수 있구나…' 이 부분에서 아니카 소렌스탐도 내게 위안이 되었다. 아니카 소렌스탐보다 내가 좀 더 머리를 늦게까지 잡아두는 것 같았다. 하는 듯 마는 듯 이상하게 하는 피니시는 아놀드 파머가 하고 있었다. '그래, 피니시를 저렇게 해도 'King'이란 별명을 얻는구나'. 물론 짐 퓨릭도 있고 박인비도 있다. 최근엔 매튜 울프가 있다. 가장 이상적인 스윙이라고 하는 저스틴 로즈나 찰 슈워젤의 스윙은 될 수 없다. 아마추어의 롤 모델이라고 하는 루이 우스투이젠의 스윙도 사실은 저세상 클래스다. 깨달아야 할 때는 깨달아야 한다. 그것이 내 스윙의 현실이니까.

'너 자신의 스윙을 알라'보다 '너 자신의 몸을 알라'가 적절한 표현인지도 모르겠다. 뒤늦게 시작해서 유연성이 없으니, 우리의 스윙이 선수들의 스윙만큼 날렵하고 예쁠 리 없다. 근육량이 모자라고 큰 근육을 쓰는 습관도 안 되어 있어, 선수들처럼 헤드 스피드를 못 내니 선수들이 내는 거리를 따라갈 수 없다. 우리는 주말골퍼임을 잊지 말자. 주말골퍼답게 연습도 적당히 하지 않는가. 우리의 눈이 너무 높은 곳에 있으면 내릴 필요가 있고, 우리의 욕심이 터질 것 같다면 조금은 뺄 필요가 있다. 최선을 다하되 주말골퍼가 할 수 있는 최선은 따로 있다.

힘이 빠지긴 빠지는 걸까?

골프에 관한 수많은 말 중에 가장 의심이 가는 말이 있다. 바로 '골프, 힘 빠지려면 3년 걸린다'이다. 그만큼 오래 걸린다는 뜻으로 하는 말이겠지만, 사실 이보다 더 오래 걸리는 거 같다. 주변에 '3년 지났는데 힘이 안 빠졌어'라고 말하는 사람이 더 많은 것을 보면 그렇다. 힘 빼는 것에 대한 말 중에 가장 어려운 말은 '그립은 견고하게 잡고 손목의 힘을 빼라'이다. 그립을 견고하게 잡으려면 손에 어느 정도 힘이 들어갈 수밖에 없고 그러다 보면 손목에도 자연스럽게 힘이 들어가는 것 아닌가. 팔에 힘을 빼려고 그립을 너무 느슨하게 잡아서는 안 된다는 것의 다른 표현이라는 생각도 든다.

아무튼 골프에서 '힘을 뺀다'라는 것은 고수와 하수를 구분하는 첫 번째 잣대다. '어떻게 그렇게 힘 빼고 부드럽게 잘 치냐'라는 감탄보다 더 듣고 싶은 칭찬이 있는가? 그래서 골퍼 중에는 그립을 잡을 수 있는 한 최대한 살살 잡기도 하고, 어드레스 시 어깨를 흔들어서 힘을 내보내려고도 한다. 어떤 골퍼는 하체를 흔들며 흐느적거리는 동작을 하기도 한다. 힘을 빼기 위해서 스윙하기 전에 숨을 내쉬면서 백스윙을 시작하라는 말도 들어봤을 것이다. 그런데 이러한 '힘 빼기'에 오해가 있는 듯하다. 많은 여성골퍼에 해당하는 말이지만, 일단 힘이 없는데 어떻게 힘을 빼란 말인가. 내가 자주 하는 말이다. '힘을 빼려면 힘이 있어야 한다'. 사람에 따라서 힘이 들어가는 총량이 과연 얼마나 차이가 있을까? 힘을 줘야 할 곳과 힘이 빠져야 할 곳을 착각하는 경우가 더 많지 않은가?

골프는 골프채를 손으로 잡고 팔로 휘두르는 운동이다. 그런데 우리 신체 중에 '코어'로 불리는 복부와 엉덩이가 중요한 것은 불필요한 곳에 힘이 들어가는 것을 막아주기 때문이다. 셋업을 하거나 샷을 할 때 코어에 힘이 들어가면 상체나 팔에 쓸데없는 힘이 들어가지 않는다. 엉덩이도 마찬가지다. 엉덩이 근육이 좋은 사람은 무릎이나 허리를 무리하게 쓰지 않는다. 골프를 위해 코어를 단단하게 하고 엉덩이 근육을 탄탄하게 단련해야 하는 이유다. 팔에 힘이 많이 들어가는 사람이 팔 힘을 빼면 팔꿈치가 굽는다. 이때는 겨드

랑이에 살짝 힘을 줘서 조이면서 붙여보자. 팔 힘이 자연스럽게 빠진다. 어느 곳에 힘을 주면 다른 곳엔 힘이 빠진다. 우리가 힘을 줄 수 있는 총량이란 게 있으니까. 복부와 엉덩이에 적절한 힘이 들어가면 어깨 힘이 빠진다. 오른손을 지나치게 많이 쓰는 골퍼에게 오른손 힘을 빼라고 하기보다 왼손에 힘을 더 주라고 하는 것이 결국 균형을 맞춘다는 의미에서는 유효할 수 있다.

'힘이 빠진다'라는 말에 관한 더 정확한 표현은 아마 '힘이 빠져보인다'일지도 모른다. 이는 다분히 스윙의 템포와 리듬에 기인한다. 템포는 '스윙의 전체 길이'다. 이 길이가 너무 길거나 짧으면 힘이 들어가 보일 수 있다. 물론 선수들의 스윙은 그렇지 않다. 리듬은 스윙 안에서 백스윙과 다운스윙의 시간 배분이라고 할 수 있는데, 이때 전환동작transition이 하체의 리드로 자연스럽게 된다면 스윙에서 힘이 빠져 보일 것이다. 이것이 상체에 힘이 많이 들어간 골퍼에게 상체에서 힘을 빼라고 하는 것보다 하체를 더 써보라고 말해야 한다는 논리의 근거다.

'스윙은 힘이 아니라 스피드다'라는 말이 있다. 스피드는 힘을 줘야 할 곳과 빼야 할 곳을 잘 지키고, 힘주는 순서를 잘 지킬 때 극대화된다. 힘 잘 주면, 힘 잘 뺄 수 있다.

연습을 루틴으로

하나의 샷을 하기 위한 이전 과정을 '프리샷 루틴'이라고 한다. 한두 번 빈스윙하고, 왜글하고, 에이밍을 한다. 어떤 선수는 소매나 장갑을 만지며 자신만의 동작을 한다. 야구선수가 타석에 들어섰을 때를 생각해보자. 헬멧 만지고, 타석 고르고, 배트를 흔든다. 이 모든 동작이 프리샷 루틴이다. 매 샷, 매 샷, 프리샷 루틴을 일정하게 가져가는 것이 얼마나 중요한지는 두말할 필요가 없다. 골프에서 가장 중요한 것이 일정한 동작에 따른 일관성이기 때문이다. 골퍼는 프리샷 루틴에서 긴장을 풀고, 특정 동작을 하면서 최근 중점적으로 추구하고 있는 스윙 메커니즘을 점검한다. 물론 이러한 프리샷 루틴이 지나치게 길거나, 잡스러운 동작이 많으면 비난받기도 한다. 하지만 좋은 샷을 위해 반드시 해야 하는 과정이다.

프리샷 루틴이 샷을 하기 이전 과정이라면, 라운드하기 이전 루틴도 있지 않을까? 굳이 말하자면 '프리라운드 루틴'이다. 라운드 전날의 준비과정이다. 일단 다음날 라운드 약속이 있으면, 특히 아침 라운드라면 전날에 절대 과음하지 않는다. 잠을 청하기 위해 한두 잔 마시기 시작하다가 만취해서, 다음날 라운드하는 데 힘들었다는 이야기를 꽤 많이 들었다. 초창기에 내가 그랬다. 흔히 라운드 전날은 연습하는 게 아니라고 하지만, 나는 라운드 전날 연습을 프리라운드 루틴에 포함해야 한다고 생각한다. 선수들도 경기에 들어가기 전에 샷을 점검하지 않는가. 연습하지 않고 라운드할 때 느끼는 불안감은 어떻게 할 것인가.

새벽에 라운드가 있으면 전날 밤이 늦어도 연습장에 들른다. 평소보다 많이 치지는 않는다. 새로운 무언가를 시도해보려는 동작도 하지 않는다. 그래야 다음날 라운드에서 머리가 복잡해지지 않는다. 샷을 점검한다기보다는 몸을 점검한다는 표현이 맞을 것이다. 다음날 새벽에 일어나자마자 운전하고 아무 준비도 안 된 상태에서 샷을 해야 하니까 미리 준비하는 것이다. 라운드 전에 반드시 연습장에 가는 것이 나의 프리라운드 루틴이다. 오후 라운드라면 가기 전에 연습장에 들르거나 골프장에 있는 연습장에서 간단하게 연습한다. 정말 간단하게 한다. 처음에 56도 웨지샷을 5개 한다. 다음엔 6번 아이언샷을 5개 한다. 그리고 3번 우드를 5개, 마지막엔 드라이버샷을 5개 한다. 라운드 바로 전에 무리하게 100개 이상 볼을 치는 것은 생각도 많아지고 무엇보다 체력이 소진된다. 돌아야 할 18홀 라운드가 있지 않은가. 사실 샷 점검은 라운드가 끝난 후에 본격적으로 하는 게 좋다. 라운드 전에는 어디까지나 몸을 푸는 느낌이면 족하다.

골프장에 도착하면 당연히 연습 그린으로 달려간다. 연습 그린에서는 롱퍼팅을 10개 연습하고, 1.5미터 정도 숏퍼팅을 10개 한다. 그리고 골프장에 가면 거울이 있는 연습 스윙 장소가 있는 곳이 많은데, 이곳에서 빈스윙을 열 번에서 스무 번 정도 한다.

스트레칭을 하거나 연습을 해서 근육을 풀어준 후 샷을 하는 것과 그렇지 않은 것의 차이는 엄청나다. 라운드 전날이나 라운드 하기 전에 연습장에 들르는 것은 프리라운드 루틴에서 추천할 만한 일이다. 단, 무리하지는 말자. '라운드 전날 연습을 너무 많이 했더니 몸이 쑤시네', '샷이 안되네' 이런 핑계를 대지 않도록….

홀에 가까울수록 정확해야 한다

2012년 메이저대회인 나비스코 챔피언십 최종 라운드 마지막 홀에서 김인경은 30센티미터가 안 되는 퍼팅을 놓쳤다. 손으로 입을 막고 실망하는 그녀의 모습이 지금도 생생하다. 결국 연장전에서 패해 우승을 놓쳤다. 2003년 PGA 퀄리파잉 스쿨에서 강욱순은 50센티미터짜리 퍼팅을 놓쳤다. 프로골퍼로서 최전성기일 때 미국 무대에 진출하려는 꿈을 접을 수밖에 없었다. 숏퍼팅 실수가 얼마나 치명적인지 보여주는 사례다. 실제로 많은 선수가 숏퍼팅 입스 때문에 예전 기량을 찾지 못하고 은퇴를 결심한다. 퍼터를 바꿔보고, 그립에 변화도 주지만 부담에서 쉽게 벗어나지 못한다. 그만큼 압박감이 큰 게 숏퍼팅이다. 주말골퍼들에게 스크린에서의 컨시드는 보통 1.5미터다. 사실 1.5미터면 절대 짧은 거리가 아니다. 선수들은 실제 그린에서 1.5미터 퍼팅을 80퍼센트 성공하지만, 보기플레이어인 주말골퍼들은 성공률이 60퍼센트가 채 안 된다고 한다.

숏퍼팅을 잘하려면 일단 강하게 치는 습관을 키워야 한다. 짧으면 들어갈 확률이 전혀 없다. 30센티미터 지나간다고 생각하고 쳐보자. 약하게 치면 자신감도 없어 보인다. 짧은 퍼팅은 경사를 보는 것보다 '스피드'가 중요하다. 퍼팅의 신이라 불리는 벤 크렌쇼가 말했다. "퍼팅은 첫 번째도 스피드, 두 번째도, 세 번째도 스피드다." 짧은 퍼팅이라고 임팩트 순간에 감속해서는 안 된다. 임팩트 순간에 가속하는 습관을 기르자. 타이거 우즈가 퍼팅 연습을 할 때 오른손 한 손으로 하는 것은 이러한 임팩트 느낌을 잊지 않기 위해서라고 한다.

숏퍼팅일수록 하체와 손목 고정이 중요하다. 특히 퍼팅 셋업 시에 무릎을 과도하게 굽히면 하체가 흔들릴 수 있다. 선수들의 퍼팅 어드레스를 꼼꼼히 보자. 무릎이 거의 펴진 채로 셋업하고 있다. 퍼팅 어드레스 시 체중이 발 앞쪽에 쏠리면 퍼팅 백스윙 시 퍼터 헤드가 바깥쪽으로 빠질 수 있다. 발바닥 앞쪽이나 뒤쪽에 체중이 너무 실리지 않도록 신경 써야 한다. 왼 손목이 손등 쪽으로 꺾이는 스쿠핑도 특히 숏퍼팅에서는 하지 말아야 할 동작이다.

퍼팅도 샷과 마찬가지로 템포와 리듬이 중요하다. 백스윙이 지나치게 짧거나 과하게 큰 경우엔 템포가 너무 짧거나 길어질 수 있고, 리듬감 없이 끊기는 느낌의 퍼팅을 할 수 있다. 주말골퍼들은 사실 퍼팅 연습할 장소가 많지 않다. 연습장에 있는 인조 그린에서 연습하거나, 골프장 연습 그린 정도인데 이때 반드시 숏퍼팅을 연습하자. 그린 스피드만을 익히려고 연습 그린 끝에서 끝으로 롱퍼팅만 연습하는 골퍼들이 있다. 라운드에 실질적인 도움이 되는 건 숏퍼팅 연습이다. 약간의 내기라도 하게 되면 더 그렇다.

잭 니클라우스는 "골프는 멘탈이 50퍼센트다"라는 말을 했다. 숏퍼팅은 90퍼센트가 멘탈이다. 중요한 짧은 퍼팅을 놓치면 그 트라우마는 비교적 오래간다. 연습도 중요하지만, 더 중요한 것은 성공 경험이다. 실패하지 않는 숏퍼팅 경험이 자신감을 만든다. 프로골퍼 신지애는 1미터 퍼팅을 천 개 연속으로 성공할 때까지 했다는 이야기를 들은 적이 있다. 홀에 가까울수록 정확해야 한다. 당연한 말이지만 숏퍼팅 실수를 하지 않아야 스코어를 지킬 수 있다.

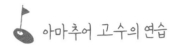
아마추어 고수의 연습

골프 채널에서 가끔 아마추어대회를 중계해준다. 학교의 명예를 걸고 하는 동문 골프대회가 있고, 클럽 챔피언끼리 겨루는 대회도 있다. 아마추어대회지만 수준은 상당하다. 이런 대회를 보면 처음에는 참가자들의 핸디캡에 놀란다. 스크래치 골퍼도 있고 핸디캡 2, 3의 실력자도 있다. 평균 라베 스코어 67타, 68타는 기본이다. 그런데 참 이상한 점이 있다. 다름 아닌 그들의 스윙이다.

가끔 도저히 이해할 수 없는 스윙이 있다. 백스윙 탑에서 머리 쪽으로 심하게 크로스오버가 되는데 다운스윙을 잘 끌고 와서 인투인 궤도를 만든다. 마치 검객처럼 내려치는 스윙인데 아이언샷을 한 공이 핀 근처에 꽂힌다. 핸디캡이 2라는 어느 골퍼는 '어떻게 저런 스윙으로 로우싱글핸디캐퍼가 됐을까?'라는 생각이 절로 든다. 누가 봐도 체계적인 레슨을 받지 않은 '독학골프' 스윙이다. 'Homemade 스윙으로도 충분히 언더파 스코어를 낼 수 있구나' 하는 희망이 생긴다.

아마추어 고수들은 일단 연습량이 어마어마하다. 내가 아는 어느 고수는 60을 넘긴 나이임에도 연습을 쉬는 법이 없다. 연습장에서 연습한 후, 샤워하고 회사로 출근하는 것이 그의 아침 루틴이다. 맹목적으로 연습만 하는 것은 아니다. 늘 스윙에 관해서 연구하고 공부한다. '뭐 하나 깨달은 게 있어서'란 말도 자주 한다. 그는 자신만의 루틴을 깨지 않기 위해 웬만하면 새벽 라운드를 잡지 않는다고 한다. 고수들은 연습량도 많지만, 연습의 빈도가 꾸준하다. 주말 골퍼 중에는 라운드가 잡히면 연습해야겠다고 다짐하지만, 결국 라운드 전날 연습한 것이 전부인 경우가 많다. 그래놓고 "어제 연습장도 갔는데 왜 이러지?"라며 한탄한다. 골프는 잘 치는 것도 어렵지만, 일관성 있게 꾸준히 잘 치는 게 더 어려운 운동이다. 어쩌면 골프에서 첫 번째 재능은 '끈기'일지도 모른다.

연습장에서 연습하고 있는 골퍼들을 보면 한눈에 고수임을 알 수 있는 사람이 있다. 드라이버샷이나 아이언샷이 좋은 골퍼들이 있지만, 그들이 모두 고수로 보이지는 않는다. 고수들은 14개의 클럽을 최대한 골고루 연습하는 경향이 있는데 그중에서 드라이버 연습은 많이 하지 않는다. 내가 아는 특급 고수들의 연습을 옆에서 지켜보면 드라이버 연습은 정말 짧게 끝낸다. '워낙 구력이 오래됐으니 드라이버는 쉽게 치지 않겠느냐'고 반문할 수 있다. 하지만 고수들은 연습의 '효율'을 더 중요하게 생각하는 것 같다. '어떤 연습이 스코어 줄이는 데 도움이 될 것인가' '어떤 연습에 중점을 둬야 하는가'를 두고 늘 고민한다.

고수들의 공통된 특징은 어프로치샷 연습에 비중을 크게 둔다. 연습장에서 웨지를 여유 있게 휘두르며 어프로치샷을 연습하고 있는 고수들의 모습을 우리는 자주 보지 않는가. 고수일수록 어프로치 거리를 더 잘게 쪼개서 연습한다. 예전에 어느 프로는 전성기에 2미터씩 끊어서 연습했었다고 말한 적이 있다. 단순히 거리만 나눠서 연습하는 것이 아니다. 공을 띄우기도 하고 굴리기도 한다. 일단 그들은 골프백에 웨지가 많다. 개인적으로 나는 웨지가 4개 이상, 특히 5개 있는 골퍼는 내기나 어떤 게임을 할 때 위험한 인물이라고 생각한다. 짧은 거리에서 볼을 띄우기도 하고 꽤 긴 거리의 어프로치를 낮은 탄도로 보내기도 한다. 피치샷, 로브샷, 플롭샷을 연습한다. 벙커샷도 타석에서 연습한다. 그들은 연습장 인공 그린에서 반드시 퍼팅 연습을 한다. 손의 감각과 스트로크의 느낌을 계속 유지하기 위해서다.

아마추어 고수들은 골프를 잘하기 위해 골프 이외의 운동에도 진심이다. 골프에 필요한 근육이 감소하는 것을 방지하기 위해 매일 헬스클럽에 간다는 시니어 고수도 있다. 골프를 잘 치기 위해 필라테스를 배우기도 한다. 비거리가 줄어드는 것을 막기 위해 기초체력을 유지하고 근력을 키운다. '그럼 도대체 하루에 몇 시간을 골프를 위해 쓰는 거예요?'라고 물어볼 수 있다. 맞다. 그렇게 해야 고수의 지위가 유지된다. 그것이 고수의 골프다.

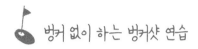 벙커 없이 하는 벙커샷 연습

주말골퍼들이 가장 어려워하는 샷 중 하나가 벙커샷이다. 벙커가 얼마나 위험한 곳인지는 우리가 '벙커 탈출'이라고 말하는 데에서도 알 수 있다. 골프를 시작하고 10년쯤 됐을 때 벙커샷 슬럼프에 심하게 빠진 적이 있다. 거의 입스에 가까웠다. 벙커에만 들어가면 웨지를 들고 벙커로 들어가는 순간부터 심장이 빨리 뛰기 시작했다. 벙커 안에서 생크 내고, 홈런 치고, 공이 나가지 못하고 벙커 안 바로 앞에 떨어지기도 했다. 그린 주변 벙커샷에 자신이 없다 보니 무조건 벙커 반대편으로 에이밍하고 샷을 했다. 당연히 온그린이 돼도 핀과 멀었고 버디 찬스는 쉽게 오지 않았다. 그런데 연습할 곳이 없었다. 라운드 도중 한두 개 더 쳐보고 싶어도 진행 탓에 그러지 못했고, 벙커가 있는 연습장은 실제 코스의 모래와는 좀 다른 느

낌이었다. 그리고 벙커가 있는 연습장은 너무 멀리 있었다.

그때부터 연습장에서 벙커샷 연습을 하기 시작했다. 웨지 연습의 끝은 항상 벙커샷 연습이었다. 많이 할 때는 연습장에서 '이것은 벙커샷이야'라고 생각하고 100개를 채운 적도 있다. 일단 클럽 헤드를 자신 있게 여는 것이 중요하다. 리딩엣지에 볼이 탑핑성으로 맞는 것에 대한 두려움에 클럽페이스 여는 것을 주저할 수 있는데, 일단 열 수 있는 만큼 열자. 얼굴을 보고 있는 느낌으로 클럽을 열고, 백스윙 시에도 클럽페이스가 정면이 아닌 얼굴 쪽을 바라보고 열려있는 느낌으로 치자. 실내연습장일지라도 모래에 발을 비벼서 고정하는 듯한 루틴을 하고 체중은 6대 4로 왼발에 조금 더 둔다. 클럽은 길게 잡지 않고 손 위치도 낮추는 것이 좋다.

벙커샷은 얼리 코킹으로 클럽을 가파르게 들어 올린다. 오픈 스탠스를 서니까 몸이 정렬하는 방향대로 샷을 하면 된다. 아웃인 궤도를 굳이 신경 쓸 필요가 없다는 말이다. 볼 뒤 2~3센티미터를 친다. 뒤땅을 치는 것이다. 이때 리딩엣지가 아닌 바운스로 모래를 스치고 지나가는 듯한 느낌으로 샷을 한다. 클럽을 열게 되면 바운스로 치기가 쉬워진다. 바운스를 이용해서 벙커샷을 하고 클럽페이스가 열린 채로 피니시를 끝까지 가져간다. 피니시를 끝까지 가져가는 이유는 클럽이 모래에 박히지 않고 지나가게 하기 위해서다. 그리고 헤드 스피드를 감속하지 않기 위해서다.

볼이 모래에 박혀있는 상황을 가정해서 연습장에서 벙커샷 연습을 할 수 있다. 볼이 반쯤 잠긴 경우엔 클럽페이스를 열지 않는다. 클럽페이스를 스퀘어하게 정렬하고 뒤땅 치는 연습만 하면 된다. 볼이 완전히 잠긴, 보통 에그프라이라고 하는 라이는 클럽페이스가 왼쪽을 볼 정도로 닫고 샷을 한다. 물론 볼 뒤쪽을 친다. 연습장에서 치니까 당연히 공은 왼쪽으로 갈 것이다.

벙커샷은 연습장에서도 충분히 할 수 있다. 아니 해야 한다. 멘탈은 연습으로 단련되고 자신감으로 돌아온다.

대한민국만큼 골프를 사랑하는 나라는 없다. 날씨가 좋은 봄, 가을은 물론이고 한여름 한겨울에도 골프연습장엔 골퍼들로 넘친다. 그런데 가끔 '저 사람은 연습을 왜 저렇게 하지? 저건 하나마나인데, 저러다가는 오히려 망가지겠는데?' 하고 걱정하는 때가 있다. 나는 나쁜 연습 3시간보다 좋은 연습 30분이 더 낫다고 생각한다. 그렇다면 어떤 나쁜 연습이 있을까?

1. 유산소 운동하듯

유산소 운동하듯 하는 연습이다. 300개 채워야지, 400개 채워야지, 일정한 리듬으로 계속 친다. 뒤도 안 돌아보고 옆도 안 보고, 치고 또 친다. 특히 시간제한이 있는 드라이빙 레인지에서는 한 개라도 더 치는 게 남는 거라는 생각에 아무 생각 없이 계속 친다. 지금 스윙이 무너져 있는데, 그 스윙대로 '유산소 운동'이라 여기면서 계속하면 나쁜 습관이 오히려 몸에 밴다.

2. 비거리 신기록

실외연습장은 보통 100미터, 200미터 거리 표식이 있다. 먼 거리는 그물에 200 혹은 300이라는 숫자가 붙어있다. 그 거리에 도달하려고 세게, 더 세게 친다. 몸에 힘이 과하게 들어간다. 연습하다가 부상이 오기도 한다. 자기 능력의 한계를 시험하려고, 무조건 더 멀리 보내려고 이를 악물고 치는 것은 좋은 연습이 아니다. 망을 찢으려는 듯 점점 세게 치는 연습은 좋은 연습이 아니다. 이러면 자신의 템포와 리듬을 잊을 수 있다. 스크린연습장에서도 마찬가지다. 나가는 거리가 숫자로 표시되다 보니 비거리 기록을 갈아치우려고 무리할 수 있다. 숫자보다 중요한 것이 스윙 템포다.

3. 원 클럽 챌린지

연습 내내 드라이버만 친다. 7번 아이언만 친다. 최근에 안 맞는 3번 우드만 친다. 원 클럽 챌린지다. 아이언은 잘 맞는데 드라이버가 안 맞는다고 말하면서 계속 드라이버만 연습하면, 잘 맞던 아이언도 안 맞는다. 적어도 같은 계열로 하나씩, 예를 들어 드라이버,

우드, 유틸리티 중 하나, 6번이나 7번 아이언 중 하나, 웨지 중 하나 이렇게 세 종류에서 클럽을 골라 다양하게 연습해야 한다.

4. 거리 생각 안 하고 치는 웨지샷

실내든 실외든 연습장에서 웨지샷으로 어프로치를 연습할 때, 그냥 생각 없이 휘두르는 골퍼가 있다. 그래서 "지금 그거 몇 미터 치는 거야?"라고 물어보면 "그냥 치는 거야"라고 대답한다. 마음속으로 거리를 생각하면서 '이건 30미터', '이건 40미터' 이렇게 정하고 치지 않으면 연습이 아무런 의미가 없다. 어프로치샷 연습의 목적은 거리감이지 않은가?

5. 루틴 없는, 빈스윙 없는, 심지어 그립도 안 푸는

그립도 안 풀고 다음 샷을 하는 골퍼가 있다. 그냥 기계적으로 공을 친다. 샷과 샷 사이에 어떤 루틴도 없다. 반면에 잘 아는 코스의 홀을 생각하면서 티샷, 세컨샷, 서드샷, 어프로치샷, 이렇게 클럽을 바꿔가면서 연습하는 골퍼도 있다. 연습 샷도 반드시 프리샷 루틴이 필요하다. 실제 라운드처럼….

6. 몸에 맞지 않는 드릴

그때그때 유행하는 연습 드릴이 있다. 샬로윙, 래깅을 위한 펌핑

등 연습 드릴이 많다. 옷걸이를 연습장에 가져와 팔에 끼고 치는 사람도 있다. 그런데 간혹 잘못된 동작으로 연습하는 골퍼를 본다. 특히 골퍼의 나이와 유연성, 신체적 능력을 고려하지 않고 난이도가 꽤 있는 드릴을 열심히 반복하는 골퍼가 있다. 언뜻 봐도 몸에 무리가 있을 것 같다.

7. 도움이 안 되는 선생님

오전에 골프를 시작한 사람이 오후에 시작한 사람을 가르치려 드는 게 골프라고 한다. 골퍼끼리 과하게 지도하는 모습도 자주 본다. 뒤에 서서 이래라저래라 말로 하다가 시범을 보인다. '저 스윙이 누군가를 가르칠 수 있는 스윙인가?' 하고 생각할 때가 있다. 부부라도, 선후배라도 도움이 안 되는 선생님이라면 거리두기를 하자.

8. 에이밍 변화 없이 똑바로만

연습장에서는 볼이 잘 가는데 필드에서 엉뚱한 방향으로 간다면 이는 에이밍에 문제가 있기 때문이다. 에이밍도 연습장에서 연습할 수 있다. 타석에서 왼쪽을 보고, 오른쪽을 보고, 페이드 스탠스와 드로우 스탠스로 바꿔가면서 연습해보자. 방향을 한 번도 바꾸지 않고 그냥 앞으로만 치는 연습은 좋은 연습이 아니다. 90분에 90개를 치더라도 루틴을 생각하며 에이밍에 신경 쓰고 연습하면, 생각

없이 치는 500개보다 낫다. 타이거 우즈도 시합 전에 클럽당 두 개씩 샷을 하고 연습을 끝낸다고 하지 않는가. 나쁜 연습의 반대로만 하면 그것이 좋은 연습이다.

언제까지

우리는
언제까지
스윙을
바꿔야 하는 걸까?
...

골프를
그만두는 날까지
죽을 때까지

진심골프 ⑦

핸디

마지막 홀에서
오비만 안 났어도
트리플만 안 했어도

핸디는
18번 홀
카트 길을 뚫고
나온다

진심골프 ⑧

사진 : 양희철

2부

아는 만큼 보이는 골프

"나는 그의 걸음걸이를 좋아한다.

무심한 표정으로 기품 있고 우아하게 걷는 그의 걸음걸이는

가장 타이거답고 오직 타이거스럽다.

중요한 퍼팅을 성공시키고 난 후의 다소 과격한 세리머니도 좋아한다."

페블비치 골프 코스
사진 : pixabay

05

골프에도
역사가 있다

골프의 기원

골프의 기원에 대해서는 여러 가지 설이 있다. 무언가를 막대기로 친다고 생각하면 지극히 평범하고 쉽게 생각할 수 있는 놀이였을 것이다. 기록이 그림으로 남아있으면 비슷한 면을 강조하고 주장의 근거로 제시한다. 골프의 기원에 대한 설은 대략 네 가지다. 첫 번째는 로마 시대 병사들이 구부러진 막대기로 깃털로 만든 볼을 치면서 즐겼다는 주장인데, 시저 시대로 기원전 100년이다.

두 번째는 네덜란드 기원설이다. 스코틀랜드 기원설과 함께 꽤 우세한 설이다. 네덜란드 어린아이들이 실내에서 했던 놀이인 '콜프Kolf'에서 비롯됐다는 설이다. 이는 그림으로도 남았는데, 당시 해상무역으로 교류가 활발해지면서 스코틀랜드로 넘어가 골프golf가

되었다고 한다. 스코틀랜드 동부 해안에 있는 역사가 오래된 골프장이 네덜란드와의 교역과 교류를 통해서 생겼다는 주장이다. 빙상에서 볼을 넣거나 폴을 맞히는 네덜란드 놀이 '코르'도 골프와 비슷하다는 주장이 있다.

세 번째는 현재 가장 유력하다고 믿는 스코틀랜드 기원설이다. 골프라는 말의 어원은 '치다'를 뜻하는 스코틀랜드의 고어인 '고프Gouft'에서 유래했다는 설이다. 스코틀랜드 양치기들이 양을 돌보면서 막대기로 돌을 쳐서 토끼굴에 집어넣는 놀이가 골프의 시작이라는 것이다. 이 설이 유력해 보이는 이유는 당시 스코틀랜드 북쪽 해안의 초원을 '링크스links'라고 불렀다는 점, 토끼가 풀을 뜯어 먹고 간 곳을 '그린green'이라고 했고, 양 떼가 밟고 지나가서 평탄해진 길을 '페어웨이fairway'라고 불렀다는 점 때문이다.

분명한 것은 그 기원이 무엇이든 현대적인 형태의 골프가 태동한 곳은 스코틀랜드라는 사실이다. 세계에서 가장 오래된 골프장이라고 일컫는 머셀버러 골프장과 골프의 본향으로 부르는 세인트 앤드류스 올드코스가 있다는 점 역시 스코틀랜드 기원설에 합리적인 증거가 되고 있다. 골프를 금지했던 제임스 2세 시대부터 골프를 승인했던 제임스 4세, 골프를 즐기고 유럽에 전파했던 메리 여왕에

이르는 기간은 골프채와 공, 골프장 건설까지 오늘날의 골프를 만든 첫 티샷과도 같은 시기이다.

중국 기원설도 있다. '츠이완'이라고 불리던 골프와 유사한 놀이는 중국 사서에 기록이 있고, 이는 시기상 스코틀랜드 제임스 2세가 골프를 금지했던 시기보다 무려 500년이나 앞선다는 주장이다. 이 주장이 아니더라도 명나라 때 그려진 선종행락도에는 '추환'이라는 경기를 하는 왕의 모습이 그림으로 남아있다. 나무의 공이를 동그랗게 깎아서 만든 '권'이라는 일종의 공을 썼고, 골프채와 같은 스틱을 '구봉'이라고 불렀다는 기록이 있다. 이 놀이의 규칙을 정리한 일종의 룰북도 있는데, 기준타수보다 한 타 적어야 이기는 규칙이 오늘날의 버디 같은 것이라는 주장도 있다.

중국은 만물 기원설의 나라다. 축구 심지어 김치와 삼계탕도 중국이 기원이라고 주장하는 나라이므로 이 주장에는 억지가 있어 보인다. 무언가 크게 유행하면 그 기원에 대한 설은 여기저기에서 난무한다. 중요한 것은 오늘날과의 유사성이다. 공이든 돌이든 막대기로 구멍에 넣는 게임을 했다고 그것이 골프의 기원이라고 보기에는 무리가 있어 보인다.

네 가지 기원설 중에는 현대 골프와 비교할 때 유사점과 공통점이 가장 많은 스코틀랜드 기원설이 가장 유력해 보인다. 스코틀랜드는 골프 역사상 가장 오래된 경기인 'The Open'이 열리는 곳 아닌가.

　　제임스 4세는 스코틀랜드의 국왕이었다. 1488년부터 1513년까지 25년 동안 재위했다. 스코틀랜드 역사상 예술, 문화, 의학에 이르기까지 가장 번영을 이룬 기간이다. 그리고 본격적으로 골프의 역사가 시작된 시기이다. 스코틀랜드가 어떤 나라인가. 골프의 여러 기원 중에 가장 비중 있게 골프가 시작됐다고 지지받는 나라 아닌가. 선왕 제임스 2세는 1457년에 골프를 금지했다. 군인들이 골프 하느라 활쏘기 훈련을 소홀히 한다는 이유 때문이었다. 제임스 3세를 거치고 국왕이 된 제임스 4세는 엄청난 골프광이었다. 그는 골프 금지령이 내려진 기간에도 귀족과 몰래 골프를 즐겼다. 귀족과의 내기골프에서 첫 티샷을 실수해 30야드밖에 못 보냈고, 게임에서 져 왕실 국고에서 3실링을 지급했다는 기록이 남아있다.

제임스 4세는 1502년에 골프를 정식으로 승인한다. 골프 금지령을 해제하고 정식으로 승인한 데는 두 가지 이유가 있다. 오랜 전쟁 끝에 평화의 시대를 맞이한 것이 이유였고, 시대가 바뀌면서 활쏘기 위주의 전쟁은 대세가 아니라는 판단에서였다. 궁사들이 예전처럼 활쏘기 훈련을 할 필요가 없어진 것이다. 어쩌면 국왕 자신이 국민 앞에서 보란 듯이 당당하게 골프를 즐기고 싶었는지도 모르겠다.

1502년 제임스 4세는 활 만드는 장인에게 골프채를 만들도록 한 후 6개 클럽을 14실링에 구매한다. 이전에도 골프채가 있었지만, 상징적으로 이 채를 최초의 골프채로 보기도 한다. 2년 뒤엔 또 다른 클럽 메이커에게 골프채를 구매하고, 그의 손자인 제임스 6세는 활의 장인 윌리엄 메인을 공식 왕실 골프클럽 메이커로 임명하였다. 윌리엄 메인 아래에 9명의 장인이 있었다고 한다. 본격적으로 골프채 생산이 시작된 것이다. 제임스 4세의 골프 금지령 해제 이후 골프는 유럽 전역으로 퍼지기 시작했다. 이것이 골프 역사의 시발점이다.

스코틀랜드에 제임스 4세가 있었다면, 대한제국에는 영친왕이 있었다. 조선왕조 마지막 왕세자이자 대한제국 황태자인 영친왕은 고종의 7남이고 순종과는 이복형제지간이었다. 일제 식민지 지배

하에서 왕세자는 일본식 교육을 받았다. 일본 육군사관학교와 일본 육군대학을 졸업했고 일본 황족인 이방자 여사와 혼인했다.

당시 일본 왕세자였던 히로히토가 그랬듯이 1901년 일본에 들어온 골프를 자연스럽게 접하고 입문했다. 영친왕은 1924년 조선인 최초의 골퍼로서 효창원 골프장에서 골프를 했다고 전해진다. 영친왕은 일본 골프장 회원이었고, 한국에 방문해서 골프대회에 참가했다는 기록도 있다. 1927년에 1년간 유럽 여행을 했는데 이때 영국, 네덜란드, 이탈리아 등에서 30여 회 라운드했고, 골프의 본향인 세인트 앤드류스 올드코스에서 라운드했다고 한다. 여행 중 선상에서 미니 골프를 즐기는 사진이 지금도 남아있다.

영친왕은 한마디로 한국 골프의 선구자이자 열렬한 골프 러버였다. 그는 30만 평의 땅과 골프장 건설자금 2만 엔, 3년 동안 5천 엔을 후원해 한국 최초의 18홀 골프장인 군자리 골프장을 만드는 데 기여했다고 전해진다. 이 부지는 원래 영친왕의 이복형제였던 순종의 부인 순명황후 능이 있었던 '유릉'이었는데, 어떻게 골프장 땅으로 기증하게 되었는지는 지금도 의문으로 남아있다. 제임스 4세와 영친왕은 세계 골프 역사와 한국 골프 역사에 중요한 출발점에 서 있었던 인물이다. 시작은 그들의 골프 사랑에서였다. 설령 그것이 본인이 골프를 더 편하게 즐기기 위해서였을지라도 이로 인해 골프는 더 넓게 퍼지고 오늘날까지 이어지게 된 것이다.

토미 모리스 부자를 아시나요?

토론토로 가는 비행기에서였다. 토미 모리스 부자의 이야기를 영화로 봤다. 〈Tommy's honor〉라는 영화였다. 영화 주인공은 초창기 골프의 선구자인 아버지 올드 토미 모리스와 아들인 영 토미 모리스였다. 아버지와 비교해 진보적이었던 영 토미 모리스가 당시 프로골퍼로서 상금 배당에 대해 귀족에게 항의하던 장면이 생각난다. 아버지 토미 모리스는 세인트 앤드류스 골프 코스의 그린 키퍼였다. 무려 36년 동안 그린 키퍼 역할을 했다. 그는 세인트 앤드류스 클럽하우스 옆 건물에서 골프채를 만드는 클럽 메이커였으며, 거위 등 새 깃털을 넣고 가죽으로 꿰맨 '페더리 볼featherie ball'을 만드는 볼 메이커였다. 캐디이기도 했다.

알란 로버트슨이라는 당대 최고의 골퍼가 있었다. 그 역시 볼 메이커였다. 알란 로버트슨이 당시 골프챔피언이라는 데에는 이견이 없었다. 그런데 1759년에 알란 로버트슨이 사망한다. 챔피언 자리가 공석이 된 것이다. 이렇게 되자 5개의 골프클럽이 클럽에 속한 프로들을 최대 3명까지 참가시키고 기금을 모아서 대회를 연다. 챔피언을 가리자는 의미로 이름을 챔피언십이라고 명명했다. 1760년 프레스트윅 골프클럽에서 열린 이 대회에 각 클럽을 대표하는 선수 8명이 참가했다. 이것이 오늘날 '디 오픈 챔피언십'의 시작이다.

제2회 대회부터 아마추어 참가도 허용되어 'open열린' 대회가 되었다. 1회 대회는 윌리 파크가 우승하고 올드 토미 모리스가 2위를 했다. 올드 토미 모리스가 2회 대회를 포함해 4승을 거뒀고, 영 토미 모리스가 4승을 거둬서 둘이 8승을 합작했다. 아버지 올드 토미 모리스는 47세로 최고령 우승을 차지했고, 아들 영 토미 모리스는 17세로 최연소 우승을 했다. 물론 전 세계에서 수많은 선수가 참가하는 오늘날과 비교하기는 어렵지만, 이 두 기록은 오늘날까지 디 오픈의 기록이고 역사다.

1868년 제9회 디 오픈에서 영 토미 모리스가 처음으로 우승을 하게 되는데, 아버지 올드 토미 모리스를 3타 차로 꺾고 얻은 승리였다. 아들이 아버지를 넘어서는 순간이었다. 이후 영 토미 모리스는 3연승을 더 하면서 통산 4승을 기록했다. 당시에는 프로들이 다른 골프클럽의 프로와 시합할 때 귀족들이 그 선수에게 배팅했다. 오늘날의 스포츠베팅과 같은 것인데, 영 토미 모리스는 선수에게 돌아오는 몫이 적다고 생각해 선수 몫을 더 많이 주어야 한다고 주장했다. 선수 몫을 더 키우고 좀 더 선수 위주의 방식이 되도록 노력했던 영 토미 모리스는 불행히도 24세였던 크리스마스에 사망했다.

골프는 서민인 양치기들이 시작했지만 왕과 귀족의 스포츠가 되었다. 알란 로버트슨의 문하생으로 카누스티 클럽에서 일했던 올드 토미 모리스는 75개의 골프 코스를 만들거나 리모델링했다. 그는 오늘날 골프장의 기준이 된 18홀 코스를 건설했고, 잔디 깎는 기계를 이용해서 처음으로 그린을 짧게 관리했던 그린 키퍼였다.

아들 토미 모리스가 선수들의 권익 신장을 위해 노력했다면, 아버지 토미 모리스는 새로운 골프장 건설과 디자인에 이바지한 셈이다. 이 부자는 오늘날 프로골퍼의 시초로 불린다. 부자가 같은 골프클럽에서 일하며 초창기 디 오픈의 역사를 만들었던 이야기는 골프 책으로 남기고 싶고, 영화 소재로 삼고 싶은 매력적인 드라마라고 생각한다. 얼마 전 문득 〈Tommy's honor〉를 다시 보고 싶어졌다. 아쉽게도 영화는 이미 절판되었다. 영화 〈덩케르크〉에서 젊은 조종사였던 잭 로던의 모습만 포스터에서 다시 보았을 뿐이다.

골프 룰은 어떻게 생겼는가?

　골프 룰은 복잡하다. 복잡한 만큼 방대하다. 프로선수들의 경기에서는 그렇다. 룰을 제대로 알고 룰을 지키려고 작정하면 그렇다. 9개의 섹션에 24개 조다. 24개 조 밑에는 99항 191호가 있다. 룰북 뒤에 붙어있는 '용어 정의'만 73개다. 골프 룰은 1744년에 처음으로 만들기 시작했다. 스코틀랜드 에든버러 리스 지역의 골프 모임 '젠틀맨 골퍼스 오브 리스Gentlemen golfers of Leith'에서 오픈대회를 열고자 했다. 이때 지역마다 다른 골프 룰이 문제가 됐다. 간단해 보이는 고스톱도 동네마다 룰이 다르지 않은가? 각 클럽의 리더가 모여 13개의 골프 룰을 만들었다. '한 클럽 이내에서 티샷하라'라는 룰은 티잉 구역과 퍼팅그린을 구분하지 않았던 당시의 상황을 보여준다. '그린에서는 거리가 먼 플레이어부터 퍼팅하라'라는 룰은 개정되기 전까지 오랫동안 유효했다. '티샷한 볼은 바꿀 수 없다'라는 룰은 277년이 지난 지금도 변함없다.

골프 룰은 시대에 맞게 변해왔다. '골프장에 개를 데리고 오면 5실링의 벌금을 낸다'라는 조항이 있던 시대가 있었다. 45개 조항까지 늘어났다가 34조, 다시 24조로 정리되었다. 골프 룰을 관장하는 R&A와 USGA는 4년에 한 번씩, 올림픽이 열리는 해에 개정된 골프 룰을 발표한다. 최근의 개정 추세는 '어떻게 하면 플레이 시간을 단축할 수 있는가?'에 초점을 맞춘다. 이는 다분히 미디어의 중계를 의식한 것이다. 시청자는 1부, 2부로 나눠 7~8시간 중계하면, 채널을 고정하고 인내하며 시청하기 어렵다. 그 대회가 마스터스일지라도…. 샷 순서를 완화한 룰도 그렇고 샷을 권고하는 40초 룰도 그렇다. 로스트볼 찾는 시간 3분 역시 결국은 플레이 시간을 줄이기 위한 룰이다. 개정된 룰은 골퍼에게 환영받기도, 비난받기도 한다. 생각해보면 우리는 불과 몇 년 전까지만 해도 당연히 깃대를 뽑고 퍼팅했다. 지금은 어떤가? "깃대 좀 뽑아주세요"라는 말을 하는 게 캐디에게 미안하다는 골퍼도 있다. "준비된 분 먼저 하세요"라는 캐디 말에 압박감을 느낀다는 골퍼도 있다. 물론 의견은 사람마다 다르다. '투 터치'를 일삼던 어느 골퍼는 '투 터치 벌타' 룰이 없어진 후 공포에서 벗어나 어프로치샷에 자신감이 생겼다고 말하기도 한다.

'골프 룰은 골퍼를 도와주기 위해 존재한다'라고 한다. 하지만 골프 룰 실행의 끝은 늘 '벌타'다. '페널티'다. 우리는 룰을 지켰을 때는 룰이 적용되고 있는지 못 느낀다. 룰을 위반했을 때 룰의 존재를 알게 된다. 법과는 조금 다르다. '법 없어도 살 사람'이라는 말은 상식과 이치에 맞는 삶에 해당하지만, 골프 룰은 상식만으로 판단하기에는 모호한 상황이 너무 많다. 수십 년 룰을 지키며 경쟁했던 선수들이 플레이 도중 왜 경기위원을 부를까? 그들 역시 확신할 수 없는 상황에 직면하기 때문이다. 그만큼 골프는 어떤 판단이라도 해야 하는 다양한 상황이 존재한다. 벌타 역시 1벌타인지 2벌타인지에 따라 골퍼의 희비가 갈린다. 그러다 보니 골퍼는 늘 룰에 의해 벌을 받는 느낌이다. 2벌타라는 무거운 벌과 1벌타라는 가벼운 벌. 주말골퍼는 특히 더 그렇다. 주말골퍼가 자주 하는 질문 중에 "저기 오비에요? 해저드에요?"가 있다. 말뚝 색깔에 따라 한 타라도 감형받으려는 애절한 질문이다.

골프 룰은 R&A와 USGA에서 관장하지만, 세상에는 이보다 더 많은 룰이 있다. 로컬 룰이다. 골프장 홈페이지에 들어가보면 그 골프장의 로컬 룰을 볼 수 있다. 경기 진행을 고려한 룰이다 보니, 로컬 룰은 비교적 관대하다. 또 하나의 룰은 '내 마음속의 룰'이다. 그것은 '나는, 나니까, 나부터 지켜야지'다. 룰을 무시하는 사람이 골프를 존중할 수 있을까? 다른 사람을 존중할 수 있을까? 멋진 골퍼가 되는 길은 의외로 간단하다. '자신에게는 엄격하게, 타인에게는 관대하게!'

메이저대회는 뭐가 다른가?

미국 프로야구를 메이저리그라고 한다. 미국 야구가 세계의 메이저라는 자신감은 물론 약간의 오만함까지 느껴지는 네이밍이다. 메이저대회는 말 그대로 각종 대회 중에 비중이 큰 대회, 주요 대회를 말한다. 상금 규모가 크고 우승자에게 주는 혜택이 다르다. 여타 대회에 비해 오랜 역사와 그 대회만의 특별한 전통을 갖고 있다.

남자 메이저대회는 총상금이 1000만 달러를 훌쩍 넘고 우승상금이 200만 달러를 넘는다. LIV와의 경쟁으로 상금 액수를 늘리고 있는 US오픈은 2022년 총상금이 1750만 달러에 이르렀고 우승상금이 무려 315만 달러였다. 디 오픈의 우승상금은 250만 달러다. 여자 대회도 마찬가지다. US여자오픈에서 우승한 이민지 선수는

180만 달러를, PGA 위민스 챔피언십에서 우승한 전인지 선수는 135만 달러를 우승상금으로 받았다.

테니스는 4개의 메이저대회가 있다. 윔블던, 프랑스오픈, US오픈, 호주오픈이다. 남녀가 같은 대회에 참가한다. 상금도 남녀가 같다. 윔블던 우승자에게는 남녀 각각 200만 파운드의 상금을 수여한다. 이에 비해 골프는 남녀 상금 차이가 꽤 난다. 2022 US여자오픈의 우승상금은 보통 남자대회 상금보다 조금 많은 정도다.

메이저대회는 역사도 길다. 올해로 150회를 맞이한 디 오픈은 1860년에 시작했다. 1차, 2차 세계대전과 코로나로 인해 잠시 중단된 것만 빼고 매년 열렸다. 최초의 US오픈은 1895년에 열렸고 PGA챔피언십은 1916년, 마스터스 토너먼트는 1935년에 1회 대회가 열렸다. 이 네 개의 메이저대회 외에 상금 규모가 메이저대회보다 크고 우승자에 대한 혜택도 메이저급인 플레이어스 챔피언십을 '제5의 메이저'라고 칭한다.

남자 메이저대회가 네 개인 데 반해, 여자 메이저대회는 다섯 개가 있다. US여자오픈, KPMG 위민스 PGA 챔피언십, 더 셰브론 챔피언십, 아문디 에비앙 챔피언십, AIG 위민스 오픈이다. 대회 공식 명칭은 타이틀 스폰서에 따라 조금씩 변화를 거쳤다. 한국 남자 골프는 메이저대회라는 명칭은 따로 없다. 다만 한국오픈, 매경오픈, KPGA선수권대회, SK텔레콤오픈, 신한동해오픈 이렇게 다섯 개 대회를 메이저급이라고 부른다. 이중 코오롱 한국오픈은 64회의 전통을 자랑하고 있다. 한국 여자골프는 다섯 개 메이저대회를 운영하고 있다. 한국여자오픈, KLPGA 챔피언십, 한화금융클래식, KB금융 스타챔피언십, 하이트진로 챔피언십이다.

메이저대회에서 우승하면 보통 5년 시드를 받고 다른 메이저대회에도 초청받는다. 우승한 대회는 영구 시드를 받고 매년 출전하기도 한다. 무엇보다도 선수를 소개할 때, 특히 1번 홀 티잉 구역에서는 '메이저 위너'라는 말을 반드시 언급한다. 다른 어떤 대회보다 명예도 메이저라고 할 수 있다.

미국의 잭 니클라우스는 메이저 18승을 거뒀다. 2위는 타이거 우즈의 15승인데 깨질 것 같지 않다. 선수 커리어 동안 남자의 경우 네 개 메이저대회를 우승하는 '커리어 그랜드슬램'을 달성한 선수는 벤 호건, 진 사라센, 잭 니클라우스, 게리 플레이어, 타이거 우즈 5명이다. 여자는 캐리 웹을 포함 7명의 커리어 그랜드슬래머가 있는데, 그중 한 명이 대한민국의 박인비다.

2021 PGA 챔피언십을 우승한 필 미켈슨은 50세 11개월로 최고령 메이저 우승자 기록을 세웠다. 메이저대회는 관심과 재미도 메이저급이다. 수많은 갤러리가 필드에서 선수와 함께하고, 시청률 역시 그 어떤 정규대회보다 높다. 어려운 코스 세팅으로 스코어는 다른 대회에 비해 저조하지만, '메이저 위너'라는 타이틀은 모든 선수의 꿈이자 도달하고 싶은 목표다.

골프는 왜 신사의 스포츠인가?

영어로 젠틀맨은 '부드러운, 교양 있는, 예의 바른'이라는 뜻의 단어 'gentle'에 'man'이 붙어 그런 사람을 의미한다. 중세 후기 영국에는 '젠트리gentry'라는 계층이 있었다. 귀족과 평민 사이의 계층이었지만 귀족에 더 가까운 신분이었다. 귀족 신분은 장남만 상속받을 수 있었기에 차남 이하는 '젠트리'가 되었다. 귀족 중심이었던 영국 의회가 전쟁 등으로 귀족 수가 줄어들면서 젠트리가 의회에 진출했고, 후에 젠트리가 영국의 경제와 정치를 장악하게 되었다. 이 젠트리 중에서도 하위계층을 젠틀맨이라 불렀지만, 나중에는 상류층 전반을 지칭하는 용어가 되었다. 그리고 시간이 흐르면서 계층 개념은 사라지고 교양 있고 예의 바른 남성을 지칭하게 되었다.

골프는 '젠틀맨의 게임', '젠틀맨의 스포츠'라고 한다. 이렇게 부르는 이유는 무엇일까? 골프에는 오랫동안 다듬어진 골프 룰이 있다. 그렇지만 실제 플레이에서는 룰로 규정된 상황보다 '에티켓'이라고 부르는 행동을 암묵적으로 요구하고 이를 따라야 하는 경우가 많다. 정치평론가들이 가끔 '법률적 책임'이 아닌 '국민 정서적 책임'이라고 이야기하는 것과 비슷하다. 페널티를 받는 규칙 위반이 아니더라도 신경 써야 하는 부분이 골프에는 있다.

첫 번째는 '다른 골퍼의 안전'이다. 주변에 사람이 있으면 스윙하지 않아야 한다. 빈스윙할 때 사람을 향해서 하지 않는 것도 포함한다. 앞 팀이 완전히 빠진 후 스윙하는 것도 지켜야 할 규칙이다. 특히 파3에서 앞 팀 골퍼가 카트로 걸어가는 도중에 공을 치는 골퍼가 있는데, 이러면 젠틀맨이 아니다. 친 공이 다른 팀 골퍼에게 갈 위험이 있을 때는 "포어Fore"라고 외쳐야 한다. 대부분 주말골퍼는 '포어Fore'를 '볼Ball'로 잘못 알고 있다. 골프채를 던지는 것 역시 동반자의 안전을 위해 조심해야 할 행동이다. 어떤 이유에서든 주변 동반자에게 부상 위험이 있어서는 안 된다.

두 번째는 '게임의 흐름'이다. 골퍼는 늘 본인 차례가 왔을 때 시간을 지연하지 않고 공을 칠 준비가 되어 있어야 한다. 공이든 장갑이든 티든 미리 준비해서 타인의 시간을 배려해야 한다. 골프 룰에는 "플레이어는 플레이하는 동안 홀과 홀 사이에서 부당하게 플레이를 지연해서는 안 된다"라고 규정하고 있다. PGA에서는 플레이를 방해받지 않는 순간부터 40초 안에 공을 치도록 권장하고 이를 위반하면 페널티를 부과한다. 규정이 바뀌기는 했지만, 홀에서 멀리 있는 공부터 플레이하는 것도 순서를 기다리는 에티켓의 일종이다. 로스트볼을 찾을 때 뒤 팀에게 먼저 공을 치게 '웨이브'를 주는 것도 '시간의 에티켓'이다. 2019년에 개정된 룰에 의하면 로스트볼은 3분 동안만 찾을 수 있다. 그린에서 퍼팅하고 난 후 다시 연습하거나 시간을 끌지 않고 바로 그린에서 떠나는 것도 게임의 흐름을 원만하게 하는 에티켓이다.

세 번째는 '코스의 유지관리'다. 카트는 골프장이 정해준 경로로 이동해야 하고, 카트가 그린에 올라가면 안 된다. 공을 치고 잔디가 떨어져 나가면 다시 그 자리에 잔디를 갖다 놓고 밟아줘야 한다. 벙커에서 플레이하고 생긴 발자국은 반드시 원상태로 정리해야 한다.

2010년 RBC 헤리티지 챔피언십에서 브라이언 아담스는 짐 퓨릭과의 연장전 도중 해저드에 놓인 볼을 스윙하면서 풀을 건드렸다고 스스로 밝히고 경기위원에게 카메라로 확인해달라고 요청했다.

결국 벌타를 받고 준우승에 머물렀다. 경기에는 졌지만, 이것이 골프다. 골프는 젠틀맨의 게임이다.

골프는 왜 18홀인가?

가끔 너무나 당연하게 받아들였던 사실이 궁금해질 때가 있다. 골프의 18홀이 그렇다. 왜 18홀일까? 10홀씩 20홀이면 더 외우기 쉽고 편리하지 않았을까? 골프 홀의 크기가 108밀리미터인 것과 골프 홀이 18개인 것은, 특히 숫자에 의미 부여를 잘하는 한국 사람에겐 기막힌 우연의 일치다. 골프의 기원에는 여러 가지 설이 있지만, 적어도 현대 골프의 태동이 스코틀랜드였다는 데에는 이견이 많지 않다. 그래서인지 위스키 한 병을 홀당 한 잔씩 마시면 18잔이 나와서 18홀이라는 얘기도 있다. 물론 낭만적으로 포장된 그럴듯한 설일 뿐이다.

기네스북에는 세인트 앤드류스 올드코스에서 1552년에 골프를 했다는 기록이 있다. 가장 오래된 코스라는 얘기다. 1800년대까지는 코스마다 홀 개수가 달랐다. 스코틀랜드의 머셀버그 골프 코스는 오랫동안 7홀 코스였다가 8홀이 되고, 1870년에 9홀이 되었다. 런던의 블랙히스 골프 코스도 1844년에 7홀이 되고, 역사상 가장 오래된 코스 중 하나인 스코틀랜드의 몬트로즈는 7홀이었다가, 14홀이었다가, 다시 11홀이었다가, 25홀이 되었다.

세인트 앤드류스 올드코스는 1764년까지 12홀이었다. 당시엔 12홀을 플레이하고 같은 코스의 10홀을 더 플레이해서 22홀 플레이를 하기도 했다. 1764년 짧은 홀 4개를 2개 홀로 줄여서 10홀이 되었다. 10홀을 플레이하고 10홀 중에서 8홀을 다시 돌아서 18홀 플레이를 했다. 이것이 오늘날 18홀 플레이의 시작이다. 1842년 세인트 앤드류스 골프클럽 협회인 R&A의 룰에 경기는 18홀 플레이를 한다는 규정을 넣었다. 1856년과 1857년 당시 올드코스의 그린 키퍼는 알란 로버트슨이었다. 알란 로버트슨은 디 오픈 4승을 한 올드 토미 모리스의 볼 메이커 스승이었다. 그 또한 당대 최고의 골퍼였다. 알란 로버트슨은 올드코스에 대대적인 더블 그린 공사를 한다. 몇 년 후에 올드 토미 모리스가 올드코스를 재정비해서 오늘날의 18홀 코스가 된 것이다. 더블 그린이란 그린 안에 홀이 두 개 있는 그린이다. 예를 들면 5번 홀과 13번 홀이 같은 그린을 쓰고 핀

위치만 서로 다르게 배치한다. 나갈 때는 흰색, 들어올 때는 빨간색 깃발이 당 홀의 깃발이다. 올드코스는 1번, 8번, 17번, 18번 이렇게 4개 그린만 싱글 그린이고, 나머지 7개 그린은 두 홀에서 같이 쓰는 더블 그린이다.

초창기 디 오픈은 프레스트윅, 세인트 앤드류스 올드코스, 머셀버그 세 코스에서 돌아가며 열렸다. 물론 처음 12년 동안은 프레스트윅에서 열렸다. 당시엔 36홀 경기였다. 18홀이었던 세인트 앤드류스에서는 2라운드를 했고, 12홀이었던 프레스트윅에서는 3라운드를 했다. 8홀이었던 머셀버그에서는 4라운드를 했다. 초창기엔 올드코스만 18홀이었다. 그런데 세인트 앤드류스 R&A의 멤버들은 다른 골프장 멤버이기도 했다. 그들의 주도 아래 다른 코스도 점차 18홀이 되었다. 몬트로즈, 프레스트윅, 뮤어필드, 머셀버그가 뒤를 따랐다. 세인트 앤드류스 올드코스가 18홀을 시작했고 R&A가 널리 퍼뜨린 것이다. 세상의 모든 당연한 것들이 처음부터 당연했던 것은 아니다. 오늘날의 인식을 향해 흘러왔던 역사가 있다. 골프 역사를 살피고 거꾸로 올라가보는 것 역시 골프의 재미다.

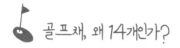

골프채, 왜 14개인가?

2021년 일본 프로골프투어 미즈노오픈에서 필리핀의 43세 주 빅 파군산이 우승했다. 일본투어 10년 만에 거둔 감격스러운 첫 승이었다. 이 대회 내내 파군산의 골프백엔 골프채가 11개밖에 없었다. 다른 선수들보다 3개를 덜 갖고 플레이한 것이다. 캐디는 카트에서만 동반할 수 있다는 코로나 특별정책에 따라 선수가 직접 골프백을 메야 하는 상황이었다. 그는 자신의 체력을 고려해 골프백의 무게를 줄였다. 결국 3, 5, 8번 아이언 없이 우승했다.

골프채는 왜 14개까지만 갖고 다닐 수 있을까? 그리고 왜 14개일까? 초창기 골프는 골프채를 골퍼가 직접 만들었다. 홈메이드 클럽이라고 할 수 있다. 각자 깎고 붙이고 해서 만들었다. 스코틀랜드의 제임스 4세가 등장하기 전까지는 그랬다. 골프광이었던 제임스 4세는 귀족과 2, 3실링짜리 내기를 많이 하면서 활 만드는 장인에게 5개의 골프채를 만들도록 했다. 공식적으로 이것이 최초의 골프채로 알려져 있다. 물푸레나무로 만들었고 후에 러시아 등지에서 가래나무과인 히코리나무로 샤프트를, 감나무로 헤드를 만들었다. 일일이 손으로 제작했고, 무게도 만만치 않아 골프채를 많이 갖고 다닐 수는 없었다. 그러다가 1800년대 후반부터 스틸샤프트가 연구 개발되기 시작했다.

1929년에 드디어 R&A가 스틸샤프트를 공인하게 된다. 미국은 이보다 좀 더 일찍 공인했다. 스틸샤프트가 공인되고 골퍼들은 스틸샤프트와 히코리샤프트 골프채를 함께 갖고 다녔다. 히코리로 안 되면 스틸로 쳐보고, 불안한 마음에 서로 보완재로 넣고 다녔다. 골퍼에게는 더 많은 옵션이 생겼지만, 캐디에겐 더 많은 무게가 생겼다.

미국에 로슨 리틀이라는 선수가 있었다. 스탠퍼드대학교를 졸업한 엘리트 골퍼였다. 그는 미국과 영국의 아마추어 챔피언십을 다섯 번이나 우승했다. 아마추어 챔피언십의 위상이 아주 높았던 때였다. 미국과 영국의 아마추어 챔피언십은 US오픈이나 디 오픈 수준의 대회로 인정받았다. 당대 최고의 실력자이면서도 아마추어 신분을 끝까지 유지한 바비 존스 같은 골퍼가 있었기에 명성이 높았다. 로슨 리틀의 골프백에는 26개의 골프채가 있었다고 한다. 드라이버가 3개나 4개, 웨지가 7개였다고 한다. 로슨 리틀이 브리티시 아마추어 챔피언십을 두 번이나 우승하자 아마추어 내셔널 타이틀을 빼앗긴 영국의 R&A에서 주도적으로 골프채 개수를 제한했다. 캐디가 골프백이 너무 무거워 힘들다고 해서 이를 제한했다는 설도 있다. 생각해보자. 히코리샤프트와 스틸샤프트가 섞인 26개의 골프채가 들어있는 골프백을…. 이 골프백을 메고 18홀을 선수와 동반하는 캐디의 수고를…. 결국 1936년 R&A가 클럽 개수를 14개로 제한했다. 이 룰을 오늘날까지 적용하고 있다.

그렇다면 왜 13개도 아니고, 15개도 아닌 14개일까? 사실 특별한 이유는 없다. 그렇게 정했기에 그렇게 된 것이다. '마치 농구는 5명이 하는 걸로 하자' '축구는 11명이다'라고 정하면서 그렇게 된 것처럼….

가끔 주말골퍼들끼리 라운드를 하다 보면, 드라이버나 퍼터가 두 개씩 꽂혀있는 골퍼를 만날 때가 있다. 18개를 골프백에 넣고 나온 골퍼도 봤다. 이는 명백한 룰 위반이다. 본인의 골프채가 14개 넘는다는 걸 공언하고, 쓰지 않을 클럽을 동반자에게 말하고 거꾸로 꽂거나 해서 표시해야 한다. 미리 말하지 않고 플레이하면 홀당 2벌타, 최대 4벌타이다. 사실 '한 개라도 더 넣고 다니면 요긴하지 않을까?' 하는 생각도 하지만, 이런 말이 있어서 자제한다. '연필 많다고 공부 잘하는 것 아니다'.

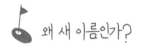 왜 새 이름인가?

초창기 골프에서는 보기가 기준타수였다. 오늘날의 파와 같았다. 보기는 유럽의 도깨비인 '보기맨bogeyman'에서 유래했다. 19세기 말 스코틀랜드의 그레이트 야머스 골프 코스에서는 클럽하우스에서 'Here comes bogeyman'이라는 노래가 나왔는데, 회원들이 '보기맨 대령colonel bogeyman'이라는 가상 인물을 만들고 그와 대결을 벌일 때 기준이 되는 스코어를 보기라고 한 것에서 유래했다. 보기보다 잘하면 이기는 것, 못하면 지는 것으로 기준을 삼은 타수가 보기였다. 그들만의 기준타수를 만든 것이다. 후에 라틴어로 '이퀄equal'에 해당하는 '파par'가 보기를 대체하게 되었다.

'버디birdie'는 어떻게 생겨난 말일까? 19세기에 'bird'는 'cool',

'excellent'라는 의미가 있었다. 1903년 뉴저지의 애틀랜틱시티 코스에서 조지 크럼프라는 골퍼가 친 볼이 그린을 넘어가려다가 새에 맞고 떨어졌다. 그 공이 핀 옆 10센티미터에 붙어 1언더파를 기록한 데서 버디라는 말이 생겼다는 설을 넓게 받아들이고 있다. 이때 조지 크럼프가 "That's bird of shot!"이라고 외쳤다고 한다.

2언더파를 뜻하는 이글은 미국에서 시작되었다는 설이 지배적이다. 버디는 새니까 이보다 크고 빠른 새를 찾다 보니 '이글eagle'이라고 부르게 됐다는 설이다. 독수리는 미국을 상징하는 새이지 않은가. 같은 맥락에서 더 크고 강력한 새를 찾다 보니 서양에서 전설의 새인 '알바트로스Albatross'라는 용어가 탄생했다. 더블 이글이라고도 부르는 알바트로스는 파5에서 2타 만에 홀인을 하거나 파4에서 홀인원이 됐다는 의미이다. 최호성 선수가 230야드의 세컨샷을 홀인하면서 알바트로스를 한 적이 있다. 2016년 장하나 선수는 바하마 클래식에서 LPGA투어 역사상 최초로 공식 경기 파4 홀인원인 알바트로스를 기록했고, 몇 달 후 호주교포인 이민지 선수도 파4에서 알바트로스를 했다.

거의 불가능한 일이기는 하지만, 파5에서 홀인을 하면 뭐라고 부를까? 가끔 파6홀도 있으니 2타 만에 홀아웃하면 뭐라고 부를까?

'콘도르condor'라고 한다. 실현 가능성은 절대 없지만, 기준타수보다 5타를 줄이면 '오스트리치ostrich'라고 부른다. 지구상의 새 중에서 가장 큰 새가 타조이지 않은가. 하나가 더 있다. 불사조 '피닉스 phoenix'다. 기준타수보다 6타를 적게 치면 피닉스다. 전설에나 나올 만한 스코어, 만화에서나 나올 만한 숫자다.

라운드에서 보통 버디는 '잡았다'라고 한다. 새라서 그럴 수도 있고, 목표를 달성하고 얻었다는 의미에서 그럴 것이다. 반대로 더블 이상 안 좋은 스코어는 '깠다'라고 한다. '양파 깠어'라는 말 많이 하고 많이 듣지 않는가. 골퍼가 버디를 하면 캐디가 스코어 카드에 나비를 붙여줄 때가 있다. 나비도 새인가?

멀리건은 왜 멀리건인가?

'멀리건'을 '몰간'이라고 불렀던 적이 있었다. '원래 한국어인가?' 생각할 수도 있는 어감이다. '알간 몰간'이라는 썰렁한 농담까지 했으니까. 몰간이 서양 사람 이름일 것으로는 생각도 하지 못했다. '멀리건mulligan'은 사람 이름이다. 여러 가지 설 중 USGA 골프박물관에서 언급한 바에 의하면 그렇다. 캐나다 퀘벡주의 몬트리올에 사는 데이비드 멀리건이라는 사람이 티샷을 엉뚱한 방향으로 치고 나서, 그 자리에서 다시 티샷하면서 "correction shot!"이라고 외쳤다. 동반자들은 이를 '멀리건'이라고 불렀고 이후에 벌타 없이 다시 치는 샷을 멀리건이라고 했다는 설이다. 장기간 운전으로 컨디션이 안 좋은 상태에서 샷을 했다는 이야기도 덧붙여졌다. 데이비드 멀리건과 그의 동반자들이 '멀리건'이라고 부르기 시작해서

점차 퍼졌고, 사업가였던 멀리건이 뉴욕으로 이사오면서 미국에도 퍼지기 시작했다는 설이다. 1920년대의 일이다.

다른 설은 1930년대 대공황시대에 미국의 어느 골프장에서 기자 두 명이 라운드 동반자를 급하게 찾다가 골프장에서 일하는 멀리건을 데리고 나갔는데, 멀리건이 골프 초보여서 다시 칠 기회를 여러 번 줬다는 데에서 유래했다는 설이다. 또 하나 흥미로운 설이 있다. 멀리건은 아주 흔하고 대표적인 아일랜드인의 이름이다. 미국 북동부에 이민 온 수많은 아일랜드인이 골프 코스에서 플레이하는 스타일이 오늘날 우리가 흔히 얘기하는 명랑골프 스타일이었다. 미스샷이 나면 벌타 없이 다시 치게 하는 관대한 골프 룰을 적용하며 이를 멀리건이라고 부르게 됐다는 설이다. 'Dutch treat' 혹은 'Dutch play'라는, 네덜란드인이 각자 먹은 것만 내는 더치 페이 습관을 살짝 비꼬듯이 말하는 것과 같은 느낌이다.

1940년대부터 멀리건을 골프 용어의 하나로 사용하고, 유행하기 시작했다. 스크린골프를 시작할 때면 설정에 '멀리건 횟수'가 있다. 가능한 횟수가 3회다. 스크린에서는 대부분 3회를 다 사용하는 편이다. 그러다 보니 필드에서도 멀리건을 남발한다. "스크린에서 세 번인데 필드에서도 세 번 해야 하는 거 아냐?"라는 논리다. 이 논리는 맞지 않는다. 일단 멀리건이 포함된 스코어는 진짜 스코어가 아니다. 축구와 농구에서 미스샷이 나왔다고 다시 슛하게 하지 않는다. 형평성에도 어긋난다. 멀리건을 누구는 쓰고 누구는 쓰지 않은 스코어를 같다고 할 수는 없지 않은가. 중요한 것은 습관이다. '호의가 반복되면 권리인 줄 안다'라는 말이 있다. 멀리건이 반복되면 룰 안에 있는 당연한 권리인 줄 안다. 심지어 스스로 멀리건을 쓰는 '스멀'이 자연스러운 골퍼가 된다. 과다한 멀리건은 누군가의 뒷담화 주인공이 될 가능성이 크다.

미국의 전 대통령 빌 클린턴은 스스로 멀리건을 하도 많이 써서 '빌리건'이라는 별명으로 불렸다. 본인은 누구보다 골프를 사랑하고 상당한 실력자라고 자부했지만, 주변에서는 그의 골프 실력을 본인 생각보다 한 수 아래로 평했다. 왜 그럴까? 멀리건으로 만들어낸 스코어이기 때문이다. 스코어는 샷으로 지켜야 한다. 멀리건으로 지키는 것이 아니다.

멋

좋은 옷보다
멋진 게
좋은 스윙
좋은 스윙보다
멋진 게
좋은 매너다

진심골프 ⑨

맛집

골프장은

하늘 맛집
구름 맛집
잔디 맛집
나무 맛집
사진 맛집

그리고

주변에
진짜 맛집도
많다

진심골프 ⑩

사진 : 양희철

06

골프에도
상식이 있다

장갑은 왜 왼손에만 끼는가?

골프 장갑은 중요한 골프 장비 중 하나다. 보통 오른손잡이는 왼 손에 끼고 왼손잡이는 오른손에 낀다. 남자들은 그렇다. 여성골퍼 중에는 양손에 장갑을 끼는 골퍼도 많다. 지금은 당연하다고 생각 하는 골프 장갑을 골퍼들이 처음부터 꼈던 것은 아니다.

디 오픈 우승으로 유명한 토미 모리스 부자의 사진을 보면 장갑 을 끼고 있지 않다. 1860년 디 오픈을 프로골프의 태동으로 보는 데, 당시만 해도 골프 장갑을 끼고 플레이하지 않았다. 미국의 골프 우상이자 끝까지 아마추어로 남은 바비 존스의 당시 사진을 봐도 골프 장갑을 낀 모습은 없다. 벤 호건은 골프 장갑이 대중화된 시기 에도 장갑을 끼지 않았다. 골프 장갑이 유행하고 많은 사람에게 퍼지기 시작한 것은 샘 스니드에 의해서였다는 설이 정설이다. 골프 역사에서 골프 장갑의 역사는 그리 길지 않다.

골프 장갑은 물집을 방지하고 춥거나 비 오는 악천후에 대비하기 위해 만들었다. 이후엔 그립을 더욱 견고하게 잡는 데 도움이 되는 기능이 추가됐다. 골프에서는 채를 잡은 손 중에 채 위쪽에 있는 손을 탑핸드top hand라고 하고, 아래쪽에 있는 손을 바텀핸드 bottom hand라고 한다. 이때 탑핸드가 리드핸드가 된다. 오른손잡이의 왼손이다. 이 리드핸드에 장갑을 낀다. 반대편 손은 손의 느낌, 감각, 손맛을 더 섬세하게 느끼기 위해 장갑을 끼지 않는다.

장갑을 양손에 껴야 한다고 주장하는 쪽에서는 백스윙할 때나 임팩트 시에 오른손 그립을 더 세게 잡는 경향이 있으니, 양손의 힘을 균등하게 쓰기 위해서 그리고 클럽페이스 컨트롤을 쉽게 하도록, 양손에 장갑을 껴야 한다고 얘기한다. 날씨가 추워지면 양손의 체온이 달라져서 샷이 잘 안 되므로 이를 방지하기 위해 양손에 장갑을 껴야 한다는 주장도 있다. 내가 관찰한 바로는 한국과 일본의 여성골퍼가 양손에 장갑을 많이 끼는 거 같다. 손에 굳은살 생기는 것을 방지하기 위해서다.

장갑을 끼지 않은 선수는 벤 호건만 있었던 것은 아니다. 유명한 선수 중에 골프 장갑을 끼지 않았던 선수가 몇 명 있다. 대표적인 선수가 미국인이 가장 사랑했던 골퍼 프레드 커플스다. 내가 아는 골퍼 중엔 그 모습에 매료돼서 프레드 커플스처럼 장갑을 안 끼는 골퍼도 있다. 프레드 커플스의 맨손은 그의 부드러운 스윙만큼 시그니처였다. 장갑을 안 낀 골퍼로는 루카스 글로버Lucas Glover가 있다. 이름이 글로버인데 골프 글로브를 안 낀다고 항상 괄호 안에 아이러니라고 쓰여 있다. 왜 글로버인데 글로브를 끼지 않느냐는, 아재 개그 하지 말라는 내용을 미국의 골프 칼럼에서 읽은 적이 있다.

선수 대부분은 퍼팅할 때는 장갑을 벗는다. 가까운 거리의 어프로치샷을 할 때 장갑을 벗는 선수도 있다. 타이거 우즈가 그렇다. 우즈는 가까운 거리에서 칩샷과 플롭샷을 할 때 장갑을 벗는다. 맨손으로 한다. 단, 그린 주변에서 벙커샷을 할 때는 장갑을 낀다. 반대로 그린 위에서 퍼팅할 때 장갑을 끼는 선수들이 있다. 한국의 박현경과 미국의 렉시 톰슨이 그렇다. 박현경 선수는 2021년 KLPGA 평균 퍼팅 개수 1위를 기록하기도 했다. 아마 손 감각에 의존하기보다 큰 근육 느낌으로 퍼팅하려는 의도로 보인다.

주말골퍼 중에 퍼팅이 너무 안 된다면 장갑을 끼고 퍼팅해보는 것도 한 방법이다. 반대로 그린 주변 어프로치샷이 너무 안 된다면 장갑을 벗고 시도해보자. 손 감각은 그만큼 예민하다. 타이거 우즈나 박현경처럼 잘 될지 누가 알겠는가.

샌드웨지는 말 그대로 '샌드', 즉 벙커에서 탈출하기 위해 사용하는 클럽이다. 벙커에서 탈출하기 위한, 가장 로프트가 크고, 길이는 짧으며, 무거운 웨지를 '샌드웨지'라고 불렀다. 솔도 가장 넓어서 바운스를 이용해 벙커에서 탈출하기 쉬운 클럽이 샌드웨지다. 샌드웨지는 보통 56도 웨지를 말한다. 예전엔 피칭웨지 로프트가 보통 46도에서 48도였다. 피칭웨지와 샌드웨지 사이에 있는 웨지를 둘 사이에 있는 웨지라는 뜻으로 '갭웨지'라고 불렀다. '어프로치웨지'라고도 부른다. 어느 클럽 메이커는 10번이 피칭웨지, 11번이 갭웨지로 숫자를 붙이기도 한다.

1860년대에 영 토미 모리스는 트러블 라이에서 샷을 하기 위해

'rut iron'이라는 클럽을 사용했다. 특수한 상황을 극복하기 위해 사용했다는 점에서는 샌드웨지와 비슷하다. 샌드웨지가 나오기 몇 년 전에는 다양한 로프트의 '스푼' 클럽이 러프와 벙커에서 샷을 할 수 있도록 사용되었다. 샌드웨지는 골퍼가 만들었다. 미국의 진 사라센이다. 진 사라센은 최초로 커리어 그랜드슬램을 기록한 레전드이다. 165센티미터의 단신임에도 엄청난 장타력을 뽐냈던 진 사라센은 상대적으로 벙커 플레이가 약했다. 아이언을 납작하게 만들기도 하고 구부려보기도 하면서 수없이 테스트를 했다. 벙커 플레이만 잘하면 훨씬 좋은 성적을 낼 수 있을 거라는 생각에서였다. 그리고 비행기의 이륙에서 아이디어를 얻어 '샌드웨지'를 발명한 것으로 알려져 있다. 비행기가 이륙할 때 뒷날개의 플립 부분을 올리고 꼬리 부분을 낮추는 모습을 보고 솔sole을 두껍고 넓게 하면 임팩트 시 클럽페이스가 열린 채로 올라갈 수 있을 거로 생각했다고 한다. 바운스 각을 만든 것이다.

진 사라센은 9번 아이언을 두드리고 눕혀서 샌드웨지를 만들고 1932년 디 오픈에 참여한다. 디 오픈을 관장하는 영국의 R&A가 이 클럽을 금지할까 봐 코트에 넣고 다녔다는 이야기도 있으니, 이 클럽을 얼마나 비밀병기 혹은 비장의 무기로 사용했는지 알 수 있다. 진 사라센은 완벽한 벙커 플레이로 디 오픈에서 우승했다. 우승 후에 진 사라센의 스폰서였던 윌슨이 샌드웨지를 만들게 되었다. 길이는 가장 짧고, 솔은 넓고, 채 중에 가장 무거운 샌드웨지가 더 많은 골퍼의 골프백에 자리 잡게 되었다. 출시 후 단기간에 5만 개의 샌드웨지가 팔렸다고 하니 당시로서는 대단한 히트상품이었다.

최근엔 56도보다 로프트가 큰 60도나 64도를 갖고 다니면서 이 웨지로 벙커샷을 하는데, 샌드웨지 하면 56도라는 이미지가 강해서인지 56도보다 로프트가 큰 웨지는 따로 '로브웨지'라고 부른다. 물론 예전보다 필드에서 "샌드웨지 주세요"라고 말하는 골퍼는 많이 줄었다. 52도 혹은 56도라고 숫자로 말한다. 내 필요가 발명품을 만들었고 그것은 세상에 필요한 상품이 되었다. 아마 진 사라센이 아니었다면 우리는 벙커샷에서 지금보다 더 어려움을 겪고 있을지도 모른다. 벙커샷이 잘 안 되는 사람은 진 사라센의 머릿속으로 들어가보자. 왜 클럽 모양을 이렇게 만들었을까? 결국 바운스로 치라는 뜻 아닐까?

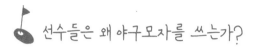
선수들은 왜 야구모자를 쓰는가?

골프 칠 때 어떤 모자를 쓰는가? 많은 골퍼가 야구 타입의 모자를 쓴다. 여성골퍼는 선캡을 쓰는 골퍼도 많다. 요즘은 버킷햇을 쓰는 골퍼도 많다. 나는 몇 년 전부터 버킷햇을 쓰기 시작했다. 가장 큰 이유는 목 뒤와 귀가 햇볕에 타는 것이 싫었기 때문이다. 요즘은 '이게 나에게 제일 잘 어울려'라고 굳게 믿고 있다. 여성골퍼는 남성골퍼에 비해 다양한 디자인의 모자가 있으니까 모자에만 악센트를 잘 줘도 패셔니스타 소리를 들을 수 있다.

사실 골프 칠 때 모자를 반드시 써야 하는 것은 아니다. 간혹 골프장에서 "저 인간은 모자도 안 쓰고…"라고 비난하는 분들이 있는데, 모자가 골프 권장 옷차림은 아니다. 일본 골프장 클럽하우스 레스토랑에서는 모자 쓰고 있는 것이 예의에 어긋나는 행동이라 모자를 벗어달라고 요청하기도 한다. 골프 모자를 쓰는 이유를 기능적으로 보면 햇빛을 차단하기 위해서가 첫 번째 이유다. 눈이 부시는 것을 막기 위해서도 모자를 쓴다. 자신이 친 볼의 궤적을 잘 보기 위한 목적도 있다. 모자를 안 쓰면 햇빛에 눈이 부셔 공을 놓치기도 하니까. 모자를 쓰면 타구 사고 시에 머리나 눈을 보호하기도 한다. 빠르게 날아온 공이 모자챙에 맞았다고 상상해보라. 모자를 안 쓰고 있었으면 어땠을까?

사진을 보면 예전 골퍼들은 모자를 쓰지 않았다. 바비 존스도 모자를 쓰지 않았다. 명품 슈트처럼 골프 옷을 입었던 월터 헤이건도 모자를 쓰지 않았다. 잭 니클라우스나 아놀드 파머도 모자 쓰고 플레이하는 라운드가 드물었다. 잉글랜드의 닉 팔도나 스페인의 세베 바예스테로스도 모자를 쓰지 않았다. 미국인이 사랑하는 골퍼 프레드 커플스는 바이저를 주로 썼지만 모자를 안 쓴 적도 많았다. 최근엔 로버트 락이라는 유러피언투어 선수도 모자를 쓰지 않는다. 라이더컵을 보면 유럽 선수 중에 로리 매킬로이나 빅토르 호블란 같은 선수도 모자를 벗고 플레이한다.

그렇다면 왜 골프선수가 야구 타입 모자를 쓰게 된 것일까? 그것은 바로 스폰서십 때문이다. 벤 호건이 즐겨 쓰는 아이비캡, 벤 호건 캡이라고 하는 모자나 샘 스니드, 그렉 노먼이 썼던 스트로우 캡에는 골프 메이커나 기업 로고를 붙이기가 쉽지 않다. 모자를 광고로 활용한 계기는 1968년에 아만나라는 가전제품 회사가 모자에 회사 이름을 새기고 선수가 쓰는 조건으로 돈을 지급한 것이 시초였다. 선수에게 50달러를 지불하고 건강보험을 함께 제공하는 조건을 걸었다. 최근에는 골프용품 회사의 로고가 붙은 모자를 쓰는 대가로 25만 달러에서 50만 달러를 받는다고 한다. 완전 톱 랭커는 그 액수가 우승상금을 넘어설지도 모른다. 모자 하나만 써도 돈을 버니까 다들 타이거 우즈가 나이키 TW 모자를 쓰는 것처럼 모자를 쓰게 된 것이다. 모건스탠리 로고의 모자를 쓴 저스틴 로즈는 1년에 5백만 달러를 받았다고 한다.

필 미켈슨은 KPMG 로고 모자를 오랫동안 썼고, 베른하르트 랑거나 아니카 소렌스탐은 벤츠 로고를 오래 붙였다. 최근엔 한국기업의 로고가 붙은 모자를 쓴 LPGA 선수도 꽤 있다. 이안 폴터, 루크 도널드가 쓰는 바이저는 로고 새길 공간이 없다. 호건 캡을 쓰는 브라이슨 디섐보도 모자 브랜드 로고 이외에 다른 상표를 달기 애매하다. 윗부분에 새길 수는 없지 않은가. 물론 모자를 젖혀 썼던 제스퍼 파네빅은 챙 안쪽에 후원사 로고를 새기기도 했다.

PGA에서는 로고 크기를 3 곱하기 5인치를 못 넘게 권장하고 있고 광고문구를 넣을 수 없게 규제하고 있다. 이런 조크가 있다. 모자를 안 쓴 골퍼에게 "당신은 브리티시스타일이네…, 미국 사람들이 다 쓰는 야구모자를 안 썼잖아." 분명한 것은 요즘 골프에서 모자는 확실한 패션 아이템이라는 사실이다. 스냅백을 유행시켰던 리키 파울러는 버킷햇을 쓴 모습도 멋지다. 바이저는 이안 폴터의 시그니처가 됐고, 일본의 카타야마 신고는 모자로 인해 카우보이 신고라고 불렸다. 골프에서 모자는 최소의 비용으로 최대의 효과를 거두는 패션 아이템이다. 모자만 바꿔도 새 옷 입은 것처럼 특별해 보일 수 있으니까.

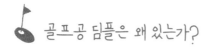

골프공 딤플은 왜 있는가?

　최초의 골프공은 돌멩이였을 것이다. 자갈 같은 돌멩이를 막대기로 쳐서 토끼굴에 넣는 것이 골프의 기원이었기에 그렇게 상상할 수 있다. 후에 나무로 만든 골프공을 사용하였다. 물론 크기나 모양이 규격화되지는 않았다. '페더리볼feathery ball'이라고 불리는 깃털 공이 처음 만들어진 것은 1618년으로 추정된다. 젖은 상태의 거위 털을 가죽 안에 넣고 가죽의 겉을 칠한 공이다. 젖었던 털이 가죽 안에서 건조되고 팽창하면서 단단해지는 원리로 만들어졌다. 당시엔 골프채와 골프공을 수제로 만들었고 이를 만드는 장인을 클럽 메이커, 볼 메이커라고 불렀다. 페더리볼 하나를 만들기 위해서는 양동이 하나 정도의 깃털이 필요했고, 숙련된 장인이 하루에 만들 수 있는 볼 개수는 4개에 불과했다. 당연히 비쌀 수밖에 없었다. 페더리볼은 골프채보다 비싼 가격에 팔리기도 했다. 페더리볼은 기껏해야 2라운드 정도밖에 쓸 수 없을 정도로 내구성이 약했고 젖으면 공이 터지기도 했다. 스코틀랜드의 척박한 링크스 코스에서 사용하기에 적합한 공은 아니었다.

로버트 아담스Robert Adams 목사가 '거타 퍼차Gutta Percha 나무'로 '구티Gutty' 골프공을 만들기 시작한 것은 1848년의 일이다. 구티공은 샤포딜라나무 수액을 단단하게 응고시켜서 만들었다. 뜨겁게 가열하여 부드럽게 만든 후에 공을 둥근 모양으로 성형하여 제작하였다. 거타 퍼차볼, 거티볼, 구티볼이라고 불린 이 공은 골프에 엄청난 혁신을 가져왔다. 순식간에 페더리볼을 대체하게 되었다. 초창기에는 구티볼도 수제였다가 대량 생산하기 시작하면서 골프공 가격이 내려갔고, 더 많은 사람이 골프를 즐길 수 있게 되었다. 골프 대중화에 이바지한 셈이다.

구티볼이 대중화되자 볼 메이커들의 일감이 줄어들면서, 이들이 생계를 위해 골프를 치기 시작했는데, 이를 계기로 본격적인 프로골퍼의 길이 열렸다는 주장도 있다. 처음엔 표면이 매끄러웠다. 그러다가 표면이 거칠어지면서 거리도 더 나가고, 스핀도 잘 먹고, 볼 컨트롤도 좋아진다는 사실을 알게 되었다. 우연한 발견이었다. 구티볼의 표면을 망치로 세게 쳐서 일정한 패턴을 만들어서 사용했다. 이 것이 오늘날 골프공 표면에 있는 딤플의 시초라고 할 수 있다.

1898년에 고무공이 시중에 나왔다. 단단한 고무로 코어를 만들고 실을 감은 다음 거타 퍼차로 마감한 공인데, 이 공은 기존의 구티볼을 완전히 대체하였다. 이 공은 공기흐름을 개선하기 위해 골프공 표면을 디자인하기 시작했는데, 1908년에 딤플 패턴이 등장하게 된다. 딤플은 표면이 매끄러운 볼에 비해 공기저항을 덜 받는다. 딤플에 닿은 공기는 터뷸런스를 일으키게 되고 볼 뒷면에 와서 볼을 밀어주는 것과 같은 드래그 기능을 해서 공이 더 멀리 나가게 했다.

골프공 딤플의 평균 깊이는 0.175이고 200개에서 500개의 딤플이 있다. 딤플이 클수록 개수는 줄어드는데 단순히 크기와 개수에 따라 거리가 비례하는 것은 아니다. 보통 350개에서 400개가 가장 적합하고 균형 잡힌 딤플 개수라고 한다. 딤플의 우리말 뜻은 '보조개'다. 이 보조개는 보기에도 예쁘지만, 공을 더 멀리 보내는 '보조개'이다.

골프공엔 왜 번호가 있는가?

선수도 그렇고, 주말골퍼도 첫 티샷을 하기 전에 자신이 쓰려는 공의 브랜드와 번호를 말한다. "타이틀리스트 몇 번, 스릭슨 몇 번 칠게요." 이렇게 말이다. 그런데 그 번호는 도대체 왜 생긴 것이고 무슨 의미가 있을까? 생각해본 적 있는가? 공 12개가 들어있는 한 다스 상자에는 3개씩 들어있는 작은 상자 4개가 있는데, 작은 상자 하나 속 3개는 같은 번호다. 작은 상자별로 1, 2, 3, 4번이 있는 상품이 가장 일반적이다. 5, 6, 7, 8번을 새긴 공도 있다.

번호는 왜 있을까? 그냥 구별하기 쉽게 하려고 있는 거 아닌가? 맞다. 다른 동반자 공과 헷갈리지 않게 구별하기 위함이다. 서로 같은 모델, 같은 번호면 누군가 한 명이 다른 번호로 바꾸기도 한다.

예전엔 지금보다 공 브랜드가 많지 않았고, 모델도 다양하지 않았다. 그러다 보니 같은 브랜드의 같은 모델 공을 쓰는 경우가 많았다. 공에 자신만의 표식을 하기 전에 볼에 있는 숫자로 구별할 수 있었다. 볼에는 어떤 숫자도 넣을 수 있다. 주문 제작을 하면 두 자리 숫자도, 세 자리 숫자도 넣을 수 있다. 가끔 보게 되는 88번이나 77번 같은 번호는 주문 제작한 것이다. 볼에 컴프레션 레잇이라고 하는 압축률을 넣기도 하고, 300개에서 500개인 딤플의 숫자를 넣기도 한다.

선수들은 본인이 좋아하는 번호를 약간의 미신 혹은 징크스처럼 새기기도 한다. 잉글랜드의 저스틴 로즈는 아내가 좋아하는 숫자인 9를 두 번 연속해서 99를 공에 새겼다. 99를 새긴 공으로 올림픽 금메달을 땄다. 로리 매킬로이는 결혼기념일인 4월 22일의 22를 공에 새기고 플레이하기도 했다. 세르히오 가르시아는 레알 마드리드의 광팬으로 레알의 챔피언스리그 10회 우승을 기념하는 의미로 10을 새긴 공으로 플레이했다. 레알 마드리드는 후에 몇 차례 더 챔피언스 리그 우승을 했다. 각자 인생에서 의미가 있는 숫자를 공에 새겼다.

스웨덴의 레티프 구센은 공 번호에 대한 특별한 기호를 갖고 있다. 첫날엔 4번, 둘째 날은 3번, 컷을 통과해서 3라운드에 가면 2번, 최종 4라운드엔 1번을 쓴다고 한다. 라운드가 거듭될수록 스코어가 낮아졌으면 하는 바람을 번호에 담지 않았을까? 나는 3번 볼을 좋아한다. 무심코 꺼냈는데 번호가 3이면 '오늘은 좀 잘 될 거 같은데?'라는 생각을 한다. 그리고 희한하게 3번 볼은 잘 안 잃어버리는 것 같다. 느낌일 뿐이지만, '4번 볼은 죽을 사자라서 바로 잃어버리거나 물에 빠질 것 같다'라고 하는 친구도 있다. 자신에게 행운을 주는 공 번호가 있는가? 몇 번인가?

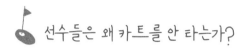

선수들은 왜 카트를 안 타는가?

선수들은 카트를 타지 않는 것이 원칙이다. 단, 예외가 있다. 마지막 라운드 18홀로 승부가 나지 않으면, 선수들은 연장전에서 카트를 타고 이동한다. 예정된 시간을 초과했으니 연장 홀로 이동하는 데 걸리는 시간을 줄여야 한다. 골프 중계 시간도 고려한다. 아주 드문 예이지만, 마틴 캐시라는 선수가 경기 중에 전동카트를 탔다. 그는 1998년과 2012년 US오픈에서 카트를 타고 플레이했다. 마틴 캐시는 선천성 혈관 기형이라는 질환이 있었다. 지금은 대학교 골프코치로 있으면서 선수들 플레이를 지도하려고 시합 중에 카트를 탄다. 존 댈리도 2020년 PGA 챔피언십에서 카트를 탔다. 이유는 퇴행성 관절염 때문이었다. 존 댈리는 이로 인해 논란의 중심에 서기도 했다. 이들은 예외 중의 예외다. 이런 예외에도 카트에는 한 명밖에 탈 수 없다는 규정이 있다. 선수가 카트를 타게 되더라도 캐디는 무거운 캐디 백을 메고 라운드를 돌아야 한다.

선수들은 왜 카트를 안 탈까? 가장 단순하고 명쾌한 이유는 '그래 왔기' 때문이다. 골프가 인류 앞에 등장했을 때부터 선수들은 늘 걸었다. 캐디는 선수 옆에서 혹은 앞과 뒤에서 걸었다. 20세기 중반에 전동카트가 발명됐지만, 그것은 주말골퍼 차지였다. 선수들도 카트를 타게 해야 한다는 의견이 적지 않다. 이 주장의 근거는 플레이 시간이다. 한마디로 시간을 줄이자는 의견이다. 언젠가는 이 주장이 우세해져서 카트를 타고 있는 선수들 모습이 우리에게 익숙해질 수도 있겠다. 하지만 아직은 아니다. 시합에 참여한 선수는 8000야드에 가까운 코스를 걷는다. 홀과 홀 사이의 거리를 계산하면 걷는 거리는 늘어난다. 4라운드 대회면 4일 내내 걷는다. 30킬로미터는 족히 된다. 만약 어떤 선수가 64명의 플레이어가 겨루는 매치플레이에서 결승에 올랐다면 그 경기 동안 마라톤 거리보다 긴 거리를 걷는 게 된다. 이 긴 여정 동안 소모되는 체력 역시 선수들의 능력이고 경쟁 대상이다. 골프가 기술뿐 아니라 체력도 필요한 이유가 여기에 있다. 우승상금이 200만 달러 이상이 걸린 경기에서 선수들이 카트를 타고 여유롭게 플레이하면 운동이 아닌 게임처럼 보이지 않을까? 에너지바를 먹고, 바나나 같은 과일을 먹고, 틈만

나면 물을 마시는 것도 선수들이 체력을 유지하기 위해서다. 캐디도 마찬가지다. 캐디가 체력적으로 힘들어지면 선수가 최상의 기량을 발휘하기 힘들다.

골프는 멘탈 게임이다. 그런데 그 멘탈은 어디에서 나오는가? 강인한 체력에서 나온다. 정신도, 두뇌도 우리 몸 안에 있다. 브라이슨 디섐보는 코로나로 투어가 중단된 80일 동안 체중을 20킬로그램 증량했다. 하루 6000칼로리를 섭취하고 단백질 쉐이크 7통을 먹었다. 그리고 운동기구에 매달렸다. 90일 만에 등장한 디섐보의 몸을 보고 모두 놀랐지만, 더욱 놀라운 것은 20야드 늘어난 그의 비거리였다. 타이거 우즈 이전 시대 선수들은 근력보다 유연성을 강조했다. 심지어 근력운동을 금기시하기도 했다. 지금은 어떠한가? 필드에는 몸짱 골퍼들이 넘쳐난다. 요즘 선수들의 팔뚝과 타이거 우즈 이전 선수들의 팔뚝을 비교해보라. 브룩스 켑카나 로리 매킬로이의 몸을 보라. 웨이트 트레이닝을 하지 않고는 만들 수 없는 몸이다. 렉시 톰슨의 인스타그램을 보면 많은 사진이 헬스 짐 안에서 운동하는 모습이다. 유소연 선수도 그렇다. 리디아 고는 수년간의 운동으로 지방이 쏙 빠진 근육질 몸매를 완성했다. 요즘은 비거리를 위해 근력을 키우고, 지구력을 키우기 위해 유산소 운동을 한다. 몸을 푸는 운동이 아니라 몸을 만드는 운동을 한다.

주말골퍼는 어떠한가? 전반 9홀에 잘 치는 골퍼가 있고 후반 9홀에 잘 치는 골퍼가 있다. 전반 홀 스코어 기세라면 일을 내도 큰일을 낼 기세였다가 후반에 무너지는 골퍼가 많다. '핸디는 아스팔트도 뚫고 나온다'라는 자조도 함께 나온다. "나는 18홀은 무리다. 딱 9홀 용이야"라고 말한다. 어떤 골퍼는 마지막 세 홀의 고비를 못넘기고 본인의 라베도, 70대 타수도 기록하지 못했다고 한숨을 쉰다. 왜 그럴까? 흔히 집중력의 문제라고 말한다. 체력 없이 집중력을 유지할 수 있을까? 체력 없이 결정적인 순간에 극도의 집중력을 끌어올릴 수 있을까? 결국 체력 문제다.

골프를 잘 치는 사람은 운동하러 골프장에 가지 않는다. 운동하고 골프장에 간다. 골프는 뭔가를 타는 운동이 아니다. 골프는 걷는 운동이다.

왜 파3, 파4, 파5인가?

골프 코스는 처음부터 18홀이 아니었다. 12홀인 코스도 있었고 9홀인 코스도 있었다. 초창기에는 20홀 넘는 코스도 있었다. 지형이 생긴 대로, 주변 조건대로 코스를 만들었다. 나중에 세인트 앤드류스 올드코스가 18홀로 조성되었고 세인트 앤드류스 골프클럽의 협회인 R&A가 공신력을 얻으면서 18홀이 전 세계 골프 코스의 기준이 되었다.

보통 기준타수라고 하는 '파par'는 두 번의 퍼팅을 고려한 타수다. 두 번의 퍼팅을 위해 한 번에 그린에 올릴 수 있으면 파3가 되고, 두 번에 올리게 되면 파4, 세 번에 올리게 되면 파5가 된다. 파4는 드라이버로 티샷을 하고, 아이언 세컨샷으로 그린에 올려서 투

펏을 하는, 골프에서 가장 전형적인 공략 과정이다. 이를 기준으로 했기에 파4인 홀이 18홀 있으면 파72가 된다. 코스 대부분이 파72 인 이유가 바로 여기에 있다. 드물기는 하지만 파70이나 파71인 코스도 있다. 기존의 짧은 파5를 코스 난이도를 위해 파4로 만들면서 파70이나 파71로 줄인 경우다. 같은 타수라고 해도 파70에서의 타수와 파72에서의 타수는 그 가치가 다르다.

2016년 트래블러스 챔피언십에서 짐 퓨릭은 역사상 최초로 58타를 기록한다. 그동안 59타는 몇 차례 있었지만, 58타 스코어는 짐 퓨릭이 처음 기록했다. 다만 파70 코스였기에 12언더파였다. 1999년 밥 호프 클래식에서 파72 59타를 기록한 데이비드 듀발의 13언더파보다 타수를 덜 줄였음에도 역대 최저타 기록이 되었다.

USGA의 권고사항에 따르면 파3는 남자의 경우 250야드까지다. 여자는 210야드까지 파3로 조성하는 것을 권고하고 있다. 파4는 남자 251야드에서 471야드 범위, 여자는 210야드에서 400야드까지다. 파5는 471야드에서 690야드다. 690야드면 미터로 600미터가 넘는 거리다. 그 이상은 파6로 조성하는 것을 권고하고 있다.

가장 일반적인 코스 구성은 파4 10개를 기준으로 4개의 파3와 4

개의 파5다. 간혹 파5가 하나 더 있어서 전체 파73인 코스도 있고, 파5가 아닌 파6를 하나 더 조성한 코스도 있다. 흔히 서비스홀이라고 말하는, 골퍼들이 좋은 스코어를 낼 수 있도록 배려한 경우다. 일반적으로는 파3나 파5 개수는 전반 9홀과 후반 9홀에 같은 개수로 만들기를 권장하는데, 이 구성이 가장 전통적이다.

선수일수록, 로우핸디캐퍼일수록 파5를 기회라고 생각한다. 반대로 초보 주말골퍼일수록, 하이핸디캐퍼일수록 파3를 기회로 생각한다. 선수들은 그린까지 올라가는 데 세 번의 샷 기회가 있어 어느 하나의 샷으로 만회할 수 있으니 파5가 편하다. 반대로 주말골퍼는 그린까지 단 한 번의 샷만 하면 되는 파3가 기회다. 회심의 한 샷만 있으면 되니까. 선수들은 한 번의 기회밖에 없으니 그 어느 때보다 신중하게 전략을 펼치는 홀이 파3다.

포천에 있는 어느 골프장은 마지막 홀이 파3다. 가끔 대회가 열리는 곳인데, 파3에서 하는 마지막 샷을 보는 재미가 색다르다. 나는 아이언 티샷이 잘 될 때는 파3가 좋았다가, 세컨 우드샷이 잘 되거나 웨지샷이 잘 되면 파5가 좋아졌다가 한다. 샷에 따라 마음이 왔다 갔다 한다. 한 가지는 확실하다. 1번 홀 파5는 좋아하지 않는다.

골프를 치다 보면 궁금한 것들이 많아진다. '왜 18홀일까?', '왜 기준타수는 72타일까?', '왜 우리나라는 쿼드러플 보기를 에바라고 할까?', '뒤땅이라는 말은 누가 처음 했을까?' 학교 다닐 때 이렇게 궁금한 게 많았다면 공부 참 잘했을 텐데 말이다. 궁금한 것들, 그중 하나가 바로 홀이다. 홀 크기다. 초창기 골프에서는 홀 크기가 일정하지 않았다. 홀을 파는 사람 마음대로였다. 그냥 구멍을 파서 홀로 사용했기 때문에 비가 오거나 바람이 불면 있었던 홀이 없어지기도 했다. 그러다가 배관 파이프를 홀 안에 넣어서 사용하면서 홀이 유실되는 것을 막을 수 있었다.

디 오픈 우승자이면서 그린 키퍼였던 올드 토미 모리스가 오늘날의 홀컵과 같은 형태로 홀 내부를 지탱할 수 있는 장치를 개발했다. 홀 크기가 규격화되기 전에는 지역마다 달라서 코스마다 스코어 차이가 났다. 코스 난이도가 전장이나 페어웨이 넓이, 러프 길이가 아닌 단순히 홀 크기에 의해 결정됐었다.

1893년 R&A는 스코틀랜드의 머슬버러 골프 코스의 홀 크기가 적당한 홀 크기라고 판단했고, 이를 재본 결과 4.25인치 108밀리미터였다. 이것이 오늘날 홀 크기 규격이 되었다. 골프공은 올림픽 구기종목 중에 탁구 다음으로 작은 공을 쓰고 있다. 볼의 지름이 4.3센티미터가 조금 안 된다. 그래서 홀은 공보다 약 2.5배 정도 크다. 홀에 손을 넣어서 꺼낼 수 있는 크기라는 말을 한다. 108이라는 숫자는 기막힌 우연으로 백팔번뇌와 많이 비교한다. 우리 골퍼들의 번뇌가 가장 심한 곳이 그린 위 아닌가. 홀 크기가 규격화된 이후에 많은 코스에서 홀 크기를 키우는 이벤트를 벌였다. 심지어 15인치까지 키워서 시합한 적이 있다. 15인치면 기존 홀보다 세 배가 더 큰 크기다. 지금도 일부에서는 골프 대중화를 위해 홀 크기를 좀 더 키워야 한다는 주장이 있다. 나는 이 의견에는 반대한다. 어느 골프장에 있는 '빅홀Big hole'이라는 큰 홀도 반대한다. 골을 못 넣는다고 골대를 키워서야 되겠는가. 빅홀에서 버디를 하면 왠지 진짜 버디가 아닌 느낌을 받지 않는가?

홀 안에는 컵이 있다. 홀이 변형되거나 무너지지 않게 지탱하기 위해서, 또 핀을 잘 지지하기 위해서다. 이 컵은 홀의 지표면보다 1인치 아래쪽에 있어야 한다. 홀컵이 그린 표면과 같다면 홀인에 방해를 하기 때문이다. 이 컵의 재질 때문에 한국 골퍼들은 '땡그랑 소리 날 때까지'라는 표현을 쓴다. 해외 골프장 중엔 소위 '땡그랑' 소리가 안 나는 경우가 많다. 플라스틱 재질로 만든 홀컵이라서 그렇다. 홀의 넓이만큼 홀의 깊이에도 룰이 있다. 홀은 4인치 이상 깊어야 한다.

예전에 경기도 어느 골프장에서 라운드하는데 그날따라 홀이 다 작아 보였다. 캐디에게 물어보니 실제로 아주 미세하게 작다고 했다. 정확한 정보가 아닐 수도 있다. 그날따라 유독 퍼팅 컨디션이 안 좋았는지도 모른다. 퍼팅 컨디션이 좋으면 홀이 더 커 보이고 꼭 들어갈 것 같은 느낌이 들지 않는가? 108밀리미터 크기도 충분하지 않은가?

잘못 쓰고 있는 골프 용어

한국에 골프를 처음 들여온 사람은 영국인이었다. 1900년, 원산 세무서에서 근무하던 영국인이 6개 홀 코스를 조성한 데서 시작되었다. 한국보다 개방을 먼저 했던 일본과 비교해 1년 앞섰다. 현대 골프의 시작이 스코틀랜드에서였으니 골프 용어는 당연히 영어로 되어 있다. 하지만 일제 강점기에 일본에서 골프코치를 초빙하고, 일본 문화의 영향을 받은 시기여서 많은 용어가 일본식으로 표기되었다. 그러다 보니 현재 우리가 사용하는 용어 중에는 잘못 쓰고 있거나 오해의 소지가 있는 용어가 많다.

골퍼들은 흔히 '라운딩'이라고 말한다. 줄여서 '란딩'이라고도 한다. 라운드에 ing를 붙여 '라운드를 도는 것'이라는 의미로 소통하지만, 영미권에서는 전혀 쓰지 않는 말이다. 그들에게 '라운딩'이라고 말하면 '무언가를 동그랗게 만드는 것'이라고 이해할지 모른다. '라운드'가 맞는 말이다.

"몇 시 티업이야?"라고 말할 때의 '티업'도 정확한 표현은 '티오프'다. 티업은 티잉하는 행위를 말한다. PGA대회 홈페이지에 들어가 보면 선수들이 플레이를 시작하는 시간은 '티타임'이라고 명시되어 있다.

한국 골퍼들은 그린 위에서 '라이lie'라는 말도 많이 한다. '라이가 오른쪽이야? 왼쪽이야?'라는 말을 흔히 하는데, 이 역시 정확한 표현이 아니다. 골프에서 라이란 '공이 놓인 상태'를 말한다. '러프에 박혀 라이가 안 좋다.', '페어웨이 좋은 라이에 있다'라고 쓸 때 맞는 말이다. 골퍼들이 흔히 사용하는 라이는 경사라는 의미의 '브레이크break'가 정확한 표현이다.

파3에서 원활한 진행을 위해 뒤 팀에게 티샷하는 것을 허락하는 행위도 보통 '사인 플레이'라고 말하는데, 정확히는 손을 흔들어 볼을 치라고 허락한다는 의미의 '웨이브wave'가 맞는 표현이다. 이 역시 직관적으로 알아듣기 쉽게 표현한 일본식 용어라고 할 수 있다.

샷을 한 공이 옆 홀이나 플레이어가 있을 법한 곳을 향할 때 우리는 "볼!Ball"이라고 외치는데, 전방에서 볼을 봐주는 포어 캐디fore caddy에게 "포어!Fore"라고 외쳤다는 사실을 알고 나면 바르게 표현할 수 있다.

지금은 많이 바뀌었지만, 전 홀 성적에 따라 티샷을 가장 먼저 하는 사람을 '오너'라고 불렀던 적이 있다. 영어로 'owner'라는 단어의 뜻이 딱 들어맞는 말처럼 느껴지기도 했다. 명예를 뜻하는 '아너 honor'라는 것을 이제 대부분 알지만, 아직까지도 오너라고 말하는게 더 익숙하다는 골퍼들이 꽤 있다. '오야'라고 하지 않는 것을 다행으로 여겨야 하나? 컨시드 혹은 기브가 맞는 용어임에도 '오케이'를 남발하는 것과 같다.

개정된 룰에 의해 용어가 바뀌기도 한다. '티잉 그라운드'는 '티잉 구역티잉 에어리어'으로 바뀌었지만, 아직도 많은 주말골퍼는 '티박스'라는 말을 쓴다. 공식적으로 '해저드'라는 말도 '페널티 에어리어'라고 바뀌었는데, "해저드인가요?", "해저드 티 어디예요?"가더 익숙하다. 정말 고쳤으면 하는 용어가 있다. 파3를 숏홀이라고하고, 파4를 미들홀이라고 하고, 파5를 롱홀이라고 부르는 것이다.영어를 쓰는 골퍼에게 이렇게 말한다면 숏홀이나 롱홀은 느낌으로 알아챌 수 있겠지만, 파4홀을 미들홀이라고 부르는 것은 도무지 이해하기 어려울 것 같다. "다음 홀 숏홀이에요?"라는 말은 이제 더는 코스에서 듣지 않았으면 하는 바람이다.

최근에 당구 중계방송을 보면 일본어 일색이었던 당구 용어들이 거의 완벽하게 한글화한 것을 볼 수 있다. 오히려 한국어로 바뀐 용어들이 전혀 억지스럽지 않고 더 직관적이어서 이해하기 쉽다. 혹자는 '뜻만 통하면 되지 용어가 무슨 의미가 있냐'고 이야기할지도 모르겠다. 하지만 아는 것과 제대로 아는 것은 다르다. 우리가 골프를 제대로 알 때 제대로 즐길 수 있다.

일어났어

아침엔
잘 못 일어나는데

골프 칠 땐
잘 일어난다

벌.떡.벌.떡

진심골프 ⑪

카풀 톡

골프장에 갈 때
차 안에서
골프 얘기만 한다
설레서

돌아올 때
차 안에서
골프 얘기만 한다
아쉬워서

진심골프 ⑫

사진 : 양희철

07

골프는 결국
기록이다

절대 깨질 수 없는 불멸의 기록

2021년 타이거 우즈는 세계 골프 명예의 전당에 입회했다. 딸 샘 우즈가 역사상 가장 위대한 골퍼 중 하나인 타이거 우즈를 소개하고 그를 단상에 오르게 했다. 타이거 우즈는 기록의 사나이다. 통산 평균 스코어가 68.17타다. 승률은 무려 20퍼센트가 넘는다. 통산 승수는 샘 스니드와 타이인 82승이다. 역대 공동 1위다. 샘 스니드가 마지막 82승을 52세에 거뒀으니 우즈에게는 아직 이를 경신할 시간이 충분하다. 우즈 전성기에는 잭 니클라우스가 가진 메이저 18승도 쉽게 깰 수 있을 거라 여겼지만, 이제 잭 니클라우스의 기록은 절대 깨질 수 없는 기록으로 남았다. 한마디로 불멸의 기록이 됐다.

LPGA의 전설 케이시 휘트워스는 역대 최다승인 통산 88승을 거뒀다. 88승은 빛나는 전성기 몇 해만으로는 달성할 수 없는 수치다. 17시즌 연속으로 해마다 1승 이상을 거뒀다. 승률은 강력한 경쟁자인 아니카 소렌스탐이 더 높았지만, 38세 나이에 은퇴하는 바람에 72승에 그치며 신기록 달성에 실패했다. 박인비 선수가 투어 역사상 28번째 20승을 돌파했으니 88승은 다른 세상 클래스로 보인다. 유러피언투어 최다승은 스페인의 세베 바예스테로스의 50승이다. 타이거 우즈는 유러피언투어 통산 승수도 41승으로 역대 3위다. 절대적 우위에 있는 선수가 등장하지 않는 현대 골프에서 유러피언투어 50승도 불멸의 기록으로 보인다. 한국 남자골프투어의 역사 최상호 선수가 달성한 통산 43승도 그 어떤 기록보다 대단해 보인다. 최상호는 시니어투어에서도 26승을 거둬 총 69승을 했다. 이 역시 깨지기 어려운 기록으로 보인다.

골프 기록을 말할 때 한 라운드 최소타를 빼고 말할 수는 없다. 남자는 짐 퓨릭의 58타, 여자는 아니카 소렌스탐의 59타다. 앞으로 이보다 적은 타수를 기록하는 선수가 나올 수 있을까? 지켜볼 일이다. 골프 잡지 〈Golf Monthly〉는 절대 깨질 수 없는 기록 7가지를 발표한 적이 있다.

첫 번째는 필 미켈슨의 26년 연속 세계랭킹 50위 유지다. 26년, 무려 1,353주다.

두 번째는 타이거 우즈의 683주 세계랭킹 1위다. 264주와 281주 연속이 포함된 기록이다. 장장 13년, 누군가 초등학교를 입학해서 대학교 1학년을 마칠 때까지 걸린 기간이다. 세계랭킹 1위가 수시로 바뀌는 요즘 같은 때는 이 기간이 얼마나 장구하고 위대한 세월인지 알 수 있다.

세 번째는 잭 니클라우스의 첫 번째 메이저 우승과 마지막 메이저 우승 사이 기간인 24년이다. 1962년 US오픈 우승과 1986년 마스터스 우승까지 24년이다. 꾸준함과 철저한 자기관리가 없다면 절대 불가능한 기록이다.

네 번째는 리디아 고가 세운 19세 이전 10승 이상 달성 기록이다. 역대 최연소 기록은 깨질 수 있겠지만 이 기록은 불멸할 것 같다.

다섯 번째는 바이런 넬슨의 1945년 11연승과 18승이다. 바이런 넬슨의 당시 평균타수가 68.33타였다. 112라운드 중에 93번 언더파를 기록했고 30경기 중 28경기에서 탑5 안에 들었다. 단언컨대 이 기록은 절대 깨질 수 없다.

여섯 번째는 타이거 우즈의 142회 연속 컷 통과다. 우즈는 이 기간에 36승을 거뒀고, 메이저대회에서도 8승을 거뒀다.

마지막 일곱 번째는 잭 니클라우스의 메이저대회 18승이다. 타

이거 우즈가 15승인데 어떻게 될까? 이 기록은 오직 타이거 우즈만
이 깰 수 있는 기록이다.

기록은 깨지라고 있는 것이다. 하지만 도저히 깰 수 없는 기록도
존재한다. 골프의 기쁨은 기록에만 있는 것은 아니다. 하지만 골퍼
들에게 가장 중요한 것은 오늘 몇 타를 치느냐가 아닐까?

나이는 기록을 만든다

　골프는 유난히 나이에 관한 기록이 많다. 다른 어떤 스포츠보다 선수 생활을 오래 할 수 있으므로 최연소와 최고령의 기록 격차도 크다. 60대가 30대를 이길 수 있는 유일한 스포츠라는 말도 있지 않은가. 디 오픈을 4번 우승한 영 토미 모리스는 1868년 17세 5개월의 나이로 우승했다. 20명 남짓 참가한 초창기 골프라 가능한 일이었다. 골프를 시대적으로 구분할 때 19세기와 20세기, 제2차 세계대전 이전과 이후로 나누는데, 2차 대전 이전에는 존 맥더모트가 1911년 US오픈에서 19세 11개월의 나이에 우승했다. 현대 골프에서는 타이거 우즈가 1997년 마스터스 토너먼트에서 21세 3개월의 나이에 최연소로 우승했다.

여자골프는 리디아 고가 18세 4개월에 메이저대회인 에비앙 챔피언십에서 우승했다. 2008년 US오픈은 19세 11개월 나이로 박인비가 우승했는데, 당시에는 역대 최연소 메이저대회 우승이었다. 태국의 아타야 티티쿨은 2017년 LET 타일랜드오픈에서 14세 4개월에 우승하기도 했다. 반대로 우루과이 태생의 페이 크록커는 40세 11개월에 메이저대회인 위민스오픈에서 우승했다. 그녀는 39세에 프로가 되었다.

존 바넘은 51세에 PGA투어 첫 승을 거두었다. 1962년의 일이다. 14세에 첫 우승을 하는 것도 골프고, 51세에 첫 우승을 하는 것도 골프다. 어쩌면 최연소보다 감동적인 사건이 최고령 우승이 아닐까? 최상호는 2005년 매경오픈에서 50세 4개월의 나이에 우승했다. 시니어투어에서 뛸 나이에 한국의 마스터스 토너먼트라고 부르는 매경오픈에서 우승했다. 2021년 PGA챔피언십에서 필 미켈슨은 연장전까지 가는 혈투 끝에 우승했다. 그의 나이 50세 11개월이었다. '골프의 톰 브래디'로 부를 만하다.

1986년 마스터스 토너먼트를 우승한 잭 니클라우스는 당시 나이 46세였다. 타이거 우즈와 통산 최다승이 같은 샘 스니드는 52세 10개월에 PGA투어 우승을 했다. 데이비드 러브 3세도 51세 3개월에 우승했다. 자신과 서른 살 차이가 나는 선수들과 경쟁해서 우승을 차지한 셈이다. 59세의 나이에 마스터스 토너먼트 최고령 예선 통과자가 된 베른하르트 랑거는 자신보다 32살 어린 브라이슨 디샘보보다 좋은 성적을 거뒀다. 랑거는 64세에 PGA챔피언스투어에서 우승해 최고령 기록을 세웠다. 랑거는 65세에도 평균 드라이버 거리가 270야드를 상회했다.

나이에 관한 기록 중 하나가 에이지 슈팅이다. 한 라운드에 본인의 나이와 같은 숫자의 스코어를 기록한다는 의미인데, 1975년 밥 해밀턴은 59세에 59타를 기록했다. 이것이 최연소 에이지 슈팅 기록이다. 샘 스니드는 67세에 67타를 쳤고, 다음날 자신의 나이보다 적은 66타를 기록하기도 했다. 최고령 에이지 슈팅은 100세가 넘어간다. 1972년 캐나다의 아서 톰슨은 103세에 103타를 쳤다고 한다. 이는 기네스북에도 기록됐다.

이 기록들은 언젠가 깨질 것이다. 타이거 우즈가 55세에 투어에서 우승할지도 모른다. 리디아 고보다 더 어린 선수가 메이저대회에서 우승할 수도 있다. 그렇게 된다면 골프는 더 나이 어린 골퍼도 더 나이 많은 골퍼도 우승할 수 있음이 증명되는 것이다. 적어도 골프 앞에서 '나이는 숫자에 불과하다'.

최초가 최고를 이긴다

2022년으로 150회를 맞이한 'The OPEN Championship'은 수많은 우승자를 배출했다. 그중에는 디 오픈 역대 최다우승자인 6승의 해리 바든이 있고, 2차 세계대전 이후 현대 골프에서 최다승인 5승을 거둔 '미스터 디 오픈' 톰 왓슨이 있다. 이들만큼 이름에 오르는 디 오픈의 사나이는 윌리 파크 시니어다. 1860년 1회 대회 우승자다. 디 오픈 최초의 우승자다. 1920년대부터 미국 선수들이 디 오픈에 참가하기 시작했다. 그들은 대부분 영국에서 이민 간 미국인이었는데, 미국 태생 미국인 최초의 우승자는 1922년에 우승한 월터 헤이건이었다. 스코틀랜드의 골프클럽에서 시작한 디 오픈 최초 잉글랜드 우승자는 서른 번째 디 오픈에서 우승한 존 볼이었다. 모두가 골프 역사에 최초라는 타이틀과 함께 새겨진 이름들이다. 디 오픈 최초로 60대 타수를 친 선수는 제임스 브레이드이다. 1904년 대회 3라운드에서였다. 69타였던 이 최초의 기록은 하루 만에 68타로 최저타 기록이 바뀌었지만, 최초의 60대 타수 기록은 아직도 남아있다.

1895년에 시작된 US오픈은 1910년까지 스코틀랜드와 잉글랜드 선수들이 우승을 차지했다. 미국에서 열린 대회의 주인공 자리를 계속 영국인에게 내준 셈이다. 미국인 최초의 우승자는 1911년 우승한 존 맥더모트이다. 그의 나이 19세 때 일이다. 최연소 우승자와 미국인 최초 우승자 타이틀을 함께 품었다. 맥더모트의 우승을 시작으로 US오픈은 미국 선수들이 주도하기 시작했고, 1926년부터 40년 동안 비미국인 선수에게 챔피언 트로피를 허락하지 않았다. 이를 깬 최초의 비미국, 비영국 선수는 남아공의 게리 플레이어였다. 1965년의 일이다.

1935년에 시작한 마스터스 토너먼트는 배타적인 대회로 유명하다. 마스터스를 주최하는 오거스타 내셔널의 공동 설립자인 클리퍼드 로버츠는 "백인은 플레이할 것이고 흑인은 캐디를 할 것이다"라는 인종차별 발언을 하기도 했다. 흑인 최초로 마스터스에 참가한 선수는 리 엘더였는데 1975년이었다. 마스터스가 창설된 이래 비미국 최초 우승자는 1961년에 우승한, 역시 남아공의 게리 플레이어였다. 게리 플레이어는 '최초의 사나이'다. 미국과 영국이 주도해온 세계 골프에 그가 남긴 모든 업적은 비미국, 비영국인 최초였다. 타이거 우즈 역시 많은 '최초' 기록을 남겼는데, 그중엔 단순한 성적을 넘어서는 지극히 '타이거다운' 것들이 있다. 2000년 디 오픈에서 타이거 우즈는 4라운드 동안 한 번도 벙커에 들어가지 않았다. 벙커가 무려 112개가 있는 세인트 앤드류스 올드코스인데도 말이다. 워낙 역사가 긴 대회라 정확한 데이터는 찾기 힘들겠지만, 벙커에 볼을 보내지 않고 우승한 최초 선수일 거라고 예상한다. 우즈는 2006년에 열린 디 오픈에서 4라운드 동안 드라이버 티샷을 단 한 차례만 했다. 1라운드에서였다. 남은 3라운드 동안 한 번도 드라이버를 잡지 않았다. 우즈는 현대 골프 역사상 5명의 커리어 그랜드슬래머 중 한 명이다. 그는 최초로 두 해에 걸쳐 4개 메이저대회를 연속으로 우승한 선수다. 2000년 US오픈, 디 오픈, PGA챔피언십에서 우승하고 그다음 해인 2001년에 마스터스 토너먼트에서 우승했다.

대한민국 선수로서 최초로 PGA투어 우승을 차지한 사람은 최경주다. 2002년 컴팩 클래식에서 우승했다. 이 우승을 시작으로 대한민국 골프는 세계로 향했다. 최경주는 용감한 개척자였다. 아시아인 최초로 메이저대회에서 우승한 선수는 양용은이다. 2009년 PGA챔피언십에서의 일이다. 12년 후인 2021년 마스터스 토너먼트에서 마쓰야마 히데키가 아시아인 두 번째로 메이저대회 우승을 달성했다.

LPGA 최초로 메이저대회에서 우승한 아시아 선수는 일본의 차코 히구치다. 그녀는 1976년 콜게이트 유러피언오픈에서 우승하면서 아시아인 미국투어 최초 우승자가 되었고, 1977년 LPGA챔피언십 우승으로 최초의 아시안 메이저대회 우승자가 되었다. 그렇다면 LPGA에서 최초로 우승한 한국 선수는 누구일까? 대부분 박세리로 예상하지만, 박세리 전에 구옥희가 있었다. 구옥희는 1978년 대한민국 골프 역사상 최초의 프로가 된다. 그리고 10년 후 한국인 최초로 스탠더드 레지스터 터키오스 클래식에서 우승했다. 많은 한국 선수들이 박세리 키즈라고 자처하지만, 박세리는 구옥희의 우승을 보고 희망을 품은 구옥희 키즈였으리라.

골프 역사상 최저타 기록인 짐 퓨릭의 58타도 위대하지만, 1977년 알 가이버거가 최초로 60타를 깬 선수임을 골프 역사는 기억하고 있다. 역사는 승리자의 기록이고 최고의 나열이다. 하지만 최고는 또 다른 최고에 의해 지워진다. 그래도 최초는 '최초'로 영원히 남는다.

기억은 기록을 이기지 못한다

　세상의 모든 기억은 그 순간, 오래 갈 거라고 믿는다. 그러나 시간은 우리 기억을 흐릿하게 만들다가 결국 지운다. 기억하고 싶지 않은 기억이 지워지는 것은 아쉬운 일이 아니지만, 아니 기꺼이 반길 일이지만, 그 반대 상황은 우리의 얕은 기억력을 책망할 수밖에 없다. 기억을 기록하지 않았기 때문이다. 인생 첫 라운드 날짜를 기억하는가? 날짜를 기억하지 못한다면 계절은 기억하는가? 인생에서 첫 골프는 그 기억이 너무 강렬해서 기억할 수밖에 없다는데, 이를 기억해내지 못하는 이들이 많은 듯하다. 내 기억 속에는 인생 첫 골프장과 세 명의 동반자, 그리고 늦은 가을 풍경과 정취가 있다. 그런데 정확한 날짜는 기억이 안 나고, 스코어도 가물가물하다. 인생 첫 라운드에서 내가 가장 좋았던 어떤 홀의 스코어가 뭐였는지 기억나지 않는다. 혹시 그날 파를 했을까? 아니면 보기 정도는 했을까? 기억나지 않는다. 그날의 스코어 카드도 없고 그날의 어떤 기록도 지금의 내 머릿속에 남지 않았다.

요즘처럼 스코어를 기록하는 골프 앱도 없었다. 어떤 골퍼들은 스코어 카드를 챙겨서 마치 수집하듯 모아둔다고 한다. 모으는 정성이 있으니 가끔 꺼내 보기는 할 것이다. 골프는 첫 라운드만 첫 번째 경험이 아니다. '첫 파'를 했을 것이고, '첫 버디'도 했을 것이다. 재능과 연습으로 만들어낸 주말골퍼 꿈의 스코어인 70대 타수도 쳤을 것이다. 골프를 시작하고 2년쯤 70대 타수를 기록했다. 우연인지 몰라도 인생 첫 라운드를 했던 그 골프장에서였다. 그 골프장은 지금도 그때의 기억을 소환한다. 당시 동반자에게 받았던 화려한 싱글 패, 사실 싱글 패라기보다는 트로피에 가까울 정도로 거창했다. 축하도 거하게 받았고 선물도 과하게 했다. 그 싱글 패가 진열되어 있지는 않다. 장식장 속 여러 개 골프 패들 틈에 섞여서 잘 안 보인다. 가끔 무언가를 찾거나 옮기려고 장식장을 열 때 그 싱글 패를 발견한다. '아! 내가 이렇게 쳤구나', '이때가 이때였구나', '맞아, 그때 동반자들이 이 친구들이었지' 만일 그 싱글 패가 없었다면 겨우겨우 더듬어볼 수밖에 없는 아련한 기억이다. 그렇다. 누군가의 성과에 패나 트로피를 해주는 것은 축하의 의미지만, 그 기억을 기록하는 의미도 있다. 기념하는 것이다.

어느 성공한 프로골퍼의 어린 시절 골프 일기를 본 적이 있다. 어설픈 그림도 있고, 삐뚤빼뚤한 글씨에 스윙과 멘탈에 관해 기록해놓은 일기였다. '아! 내가 이때 이런 생각을 했었구나' 하고 새롭기도 하면서 과거의 자신을 기특하게 여길 것 같다. 기록이란 어떤 열정을 표출하는 가장 진실한 행동이 아닌가 싶다.

요즘 우리에겐 노트 대신 컴퓨터가 있고, 수첩 대신 스마트폰이 있다. 언제부턴가 스마트폰에 골프에 관한 생각, 라운드와 스윙에 관한 팁을 적기 시작했다. 외우고 외워도 안 외워지는 특이한 외국 선수 이름을 적어놓기도 했다. 일단 머릿속에 계속 담아두기엔 기억력 감퇴가 심각했고, 무언가를 쓰면서 생각을 정리하는 과정이 무척 생산성 있게 느껴졌다. 기록이란 기억을 쌓아두는 것이다. 어떤 기록은 다시 꺼내지 않을 기록도 있다. 하지만 골프에 관한 모든 기억은 잘 기록하면 '나의 골프 역사'가 된다.

지금도 이해하지 못하는 과제가 어린 시절 방학 때 썼던 '일기'
다. 방학이 끝날 즈음엔 방학 숙제 검사를 위해 두 달 치를 한꺼번
에 쓴 적도 있다. 하루하루의 일상과 감상을 적는 일기를 일기라는
주제로 글짓기하듯 했다. 성인이 되고 일기 대신 메모하는 습관이
생겼다. 카피라이터를 하면서 멋진 문장이나 생각을 다이어리에 끄
적끄적 메모했다. 일종의 문장수집가였다. 다시 보면 유치한 작문
도 꽤 있다.

골프를 시작하면서 스윙 팁이나 골프 지식 그리고 골프 명언을
메모했다. 그중엔 그날의 라운드를 기록한 '라운드 일지'가 있다.
라운드 다이어리라고나 할까? 요즘은 휴대전화 메모장에 일지를

적는다. 예를 들면 이런 식이다.

- 일시 : 2022년 7월 14일
- 동반자 : 강. 장. 김씨(건너 건너서 친해진 아들)
- 골프장 : 용인 OO골프장

페어웨이나 그린 컨디션은 좋았다. 전체적으로 무난한 코스지만 제법 긴 파4가 있어서 생각보다 스코어는 잘 나오지 않는다. 골프장 앞에 지역 이름이 붙는 골프장은 행정구역상은 그 지명이지만 서울에서 가장 먼 곳일 확률이 100퍼센트다.

- 스코어 : 77. 전반 38 후반 39. 버디는 없었으나 별다른 실수 없이 파를 많이 한 스코어
- 베스트샷 : 전체적으로 드라이버의 페어웨이 안착률이 높았다. 거리는 좀 더 내야 하겠지만….
- 워스트샷 : 아이언 파온 비율이 낮았고 온그린이 됐어도 핀과는 거리가 있어 버디 찬스라고 할 만한 샷이 없었음.
- 특이사항 : 우중 라운드라 우비를 입었다 벗었다 했다. 우비를 벗으면 비가 오고, 다시 우비를 입으면 비가 그치는 건 왜일까?
- 식사 : 클럽하우스 레스토랑. 인생에서 두 번째로 흑염소탕을 먹었다. 맛도 맛이지만 보양식이라고 생각하고 먹음.
- 총평 : 클럽하우스가 좋은 골프장은 보기에 좋고, 코스가 좋은 골프장은 플레이하기 좋다. 페어웨이가 촘촘하고 길이는 적당하며, 러프와 경계가 분명하고 러프가 러프다운 곳이 좋은 골프장이다. 특히 그린 스피드가 어느 정도 빨라야 퍼팅하는 재미가 있다. 스피드가 느리면 경사도 덜 먹고 공의 구름이 적어 생각한 것과 다른 결과로 돌아온다. 그래서 골프장에 내는 이용료도 그린피라고 하지 않는가. 김님께서 몇 달 만에 샷이 일취월장했다. 연습을 많이 하는 것 같다.

몇 년 전부터는 골프 스코어 기록 앱이 생기면서 그날의 스코어는 쉽게 기록으로 남길 수 있다. 스코어만 기록으로 남기지 말고 그날 라운드에서의 샷 컨디션과 골프장 컨디션, 동반자와의 느낌, 뒤풀이까지 간단하게 적거나 감상까지 써보면 어떨까? 어린 시절 어느 특별한 날의 일기처럼 나중에 꺼내 볼 수 있는 좋은 추억이 된다. 라운드 일지를 쓰면 막연히 '연습해야지'가 아니라 어떤 클럽을 어떤 상황에서 좀 더 중점적으로 연습해야 하는지, 보강해야 하는지 반성하게 된다. 무언가를 적는다는 것은 결국 마음에도 적는 것이다. 라운드를 복기하고 기록할 때마다 '숏게임이 부족하다, 숏게임 연습에 집중하자'라고 써놓는다면 언젠가 숏게임 마스터가 되지 않을까? 적어도 안 쓰는 것보다는 낫지 않을까?

라운드 일지를 써보자. 추억만 쌓이지 않는다. 실력도 쌓인다.

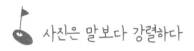 사진은 말보다 강렬하다

골프장에서 사진을 잘 찍어주는 후배가 있다. '언제 이런 사진을
찍었지?'라는 생각이 들 정도로 순간을 잘 잡는다. 미술을 전공해
서인지 구도도 좋고 배경도 좋다. 간직하고 싶은 좋은 사진이 많다.
자기 플레이하기에도 바쁠 텐데 틈틈이 동반자의 사진을 찍어주는
일은, 자신의 시간을 희생하는 다분히 이타적인 행동이다. 지금도
휴대전화 사진함에는 그 후배가 찍어준 사진이 참 많다.

그 후배와 라운드가 잡히면 '오늘은 무슨 옷을 입고 사진에 찍힐
까?' 하고 고민한다. 지난번에 입었던 옷은 아닌지 사진함을 다시
찾아보기도 한다. 라운드를 마치면 늘 선물처럼 후배에게 멋진 사
진과 동영상을 전송받는다. 그때마다 오늘 라운드에서 나는 어떤

모습이었는지 기대하고 설렌다.

몇 년 전 어느 골프장 캐디가 이 홀이 포토존이니 사진을 찍어주겠다고 했다. 네 명이 뻣뻣하게 서서 전형적인 단체 사진 자세를 취하려는 순간, 캐디가 "요즘은 그렇게 안 찍어요. 각자 알아서 다르게 포즈 취해보세요"라고 했다. 우리는 캐디 말대로 누군가는 하늘을 보기도 하고, 점프하기도 하고, 만세를 부르기도 하는 등 다양한 자세를 취했다. 캐디가 왜 그런 말을 했는지 찍힌 사진을 보고 바로 알 수 있었다. 사진에는 그 순간의 유쾌함과 명랑함이 고스란히 담겨있었다. 구름이 뭉게뭉게 퍼져있는 파란 하늘을 배경으로 멋진 인생 사진을 건졌다. 사진은 순간이지만, 좋은 사진은 그 순간을 인생 끝까지 가져간다.

골프장은 곳곳이 좋은 사진의 배경이 된다. 골프장만큼 배경이 푸른 곳은 없다. 5월에서 10월까지의 잔디는 가장 신선한 녹색을 풀어놓은 듯 그린그린하다. 봄에는 꽃들이 만발하고 가을엔 단풍 천지다. 저마다 자기를 사진에 담아달라고 손을 흔든다. 코스 중간중간에는 조경이 잘 된 호수가 있다. 분수가 설치된 곳도 있다. 내리막 홀의 티잉 구역에서는 멀리 높은 산의 능선이 걸릴 수도 있고, 시간에 따라 여명이나 노을이 배경이 되어준다. 골프장 나무들은 또 얼마나 잘 관리되어 있는가. 하늘은 또 얼마나 파랗고 넓고 낮고 높은가. 클럽하우스도 필드 밖 세상의 어떤 건축물에 뒤지지 않을 만큼 멋진 건물이다. 이런 배경에 필드 밖에서는 엄두도 못 내는 노랑, 빨강 옷을 입은 골퍼는 또 얼마나 풍경과 잘 어울리는가. SNS에 골프장을 배경으로 한 골퍼들 사진이 넘쳐나는 것은 지극히 당연하다. 어떤 골퍼들은 아예 골프 옷을 두세 벌 챙겨 가서 중간에 갈아입고 사진을 찍는다고 한다. 골프장에는 많이 가지 못하지만, 골프장 사진은 많이 갖고 싶은 마음에서 그렇단다.

골프장에서 골프에 전념하지 않고 사진만 찍는 모습을 못마땅하게 생각하는 이들도 있긴 하다. 하지만 진행을 방해하지 않는다면 사진 찍는 시간을 즐겨도 되지 않을까? 나는 함께 라운드하는 동반자들의 사진을 많이 찍어주는 편이다. 요즘은 동영상도 많이 찍는데, 특히 스윙 동영상은 본인이 못 봐왔던 자신의 스윙을 보고 스스로 교정해야 할 점을 발견할 수 있다는 점에서 실력 향상에도 도움이 된다. 가끔은 스틸사진과 동영상을 편집하고 배경음악과 글을 넣어 동반자들에게 선물하기도 한다. 언젠가 다시 보게 되면 '예전에 이런 라운드가 있었지…'라며 과거의 나와 동반자를 회상할 수 있으면 하는 바람에서다.

사진은 어떤 말보다 강렬하다. 사진은 미사여구가 필요 없다. 말이 없어도 그 순간을 한 컷으로 고스란히 남긴다. 필드에 나가면 사진을 찍자. 찍히지만 말고, 눈치 보지 말고, 누군가의 사진을 찍어주자.

비행

공은
뛰어가듯 날아가고
무용하듯 날아가고
도망가듯 날아가고
하늘 높은 줄 모르고
날아가고
때론
땅에 붙어 날아간다

인간의 마음은
공보다 멀리 날아가고 싶고

공은
비뚤어지고 싶다

진심골프 ⑬

카트 도로

카트 도로를 맞고
볼이
튀어 오르면

내 마음도
튀어 오른다

제발 앞으로
제발 안으로

진심골프 ⑭

08

위대한 골퍼의
짧은 전기

벤 호건을 처음 알게 된 것은, 그의 책을 통해서였다.《*Five lessons : The modern fundamentals of Golf*》다.《벤 호건 모던골프》라는 제목의 책이다. 유튜브도 없었고, 스크린골프도 없었던 시기여서 골프를 배우기 위해 서점에 먼저 갔다. 그때, 크지 않은 키에 호리호리한 체격의 벤 호건이 멋진 어드레스 자세를 하는 사진이 표지에 실린 책을 만났다. 당시엔 'Ben hogan'이라는 골프채를 쓰는 사람도 있었다고 기억한다. 골프를 더 알고 난 후에 벤 호건이 PGA투어 64승을 거뒀고 메이저대회도 9승을 한 위대한 선수임을 알았을 때, 어떻게 이렇게 위대한 선수가 이런 골프스윙 바이블을 만들었는지 궁금했다. 스윙 이론에 관한 책은 선수가 아닌 교습가의 몫이라는 선입견이 내게 있었는지도 모른다. 지금도 스윙에 관해 무언가 궁금해지면 이 책을 다시 본다. 그리고 반드시 답을 찾는다. 딱 바이블이다. 그 이상도 그 이하도 아닌 책이다.

벤 호건은 1912년 텍사스주 스테판빌에서 태어났다. 그의 아버지는 대장장이었는데, 호건이 9살 되던 해에 총기로 자살했다. 이 사건으로 벤 호건의 성격이 내성적으로 변했다는 이야기도 있다. 아버지가 세상을 떠난 후 벤 호건은 집안의 생계를 돕는 일을 해야 했다. 9살에 신문을 팔았고, 11살부터 9홀 골프장인 글렌 가든 코스에서 캐디로 일했다. 이것이 벤 호건 골프의 시작이다. 이때 동갑내기이자 캐디로 같이 일했던 친구가 나중에 투어에서 맞수가 됐던 바이런 넬슨이다. 둘은 함께 캐디 토너먼트에 참가했고 바이런 넬슨이 연장전 끝에 한 타 차 승리를 거두기도 했다. 프로가 된 벤 호건의 초창기 선수 생활은 말 그대로 무명이었다. 1940년 한 해에 3개 대회 연속 우승을 하기까지 9년 동안 우승이 없었다. 그의 나이 27세에 첫 승을 거뒀다. 벤 호건은 2차 세계대전 기간인 1943년부터 1945년까지 2년 2개월 동안 공군에서 장교로 복무한다.

1949년 승승장구하던 벤 호건에게 교통사고라는 큰 시련이 닥친다. 피닉스오픈 연장전에서 패한 후 포트워스에 있는 집으로 운전하고 가던 중 그레이하운드 버스와 정면충돌한 사고였다. 이 사고로 목과 골반에 극심한 골절상을 입은 벤 호건은 59일 만에 집으로 돌아와 재활에 전념했고, 이듬해 시즌 개막전인 로스앤젤레스오픈에 복귀했다. 연장전 끝에 샘 스니드에게 패했지만, 이 경기는 벤 호건의 화려한 복귀를 알리기에 충분했다.

1953년 그의 나이는 40대에 접어들었다. 그는 6개 대회에 참가해서 5개 대회에서 우승했다. 이 5개 대회 중 마스터스 토너먼트, US오픈, 디 오픈 챔피언십 이렇게 3개 메이저대회에서 우승했다. 한 해 메이저 트리플크라운은 나중에 타이거 우즈만 달성한 대기록이다. 카누스티에서 열렸던 디 오픈 챔피언십 우승 후에는 바비 존스 이후 처음으로 뉴욕 시내에서 카퍼레이드를 했다. 당시 벤 호건의 골프 업적을 얼마나 대단하게 여겼는지 보여준 이벤트였다.

벤 호건은 5피트 8.5인치174cm의 키에 145파운드66kg의 왜소한 체격이었다. 체격 때문에 작고 가볍다는 뜻의 '벤탐bantam'이라는 별명으로 불렸다. 하지만 작은 체격에도 불구하고 장타대회에 출전했던 장타자였으며, 역대 최고의 볼 스트라이커로 꼽힌다. 어느 기자가 잭 니클라우스에게 "역사상 누가 가장 훌륭한 볼 스트라이커라고 생각하십니까?" 하면서 "타이거 우즈인가요?"라고 질문한 적이 있다. 잭 니클라우스는 "아니, 벤 호건이지. 간단한 질문이네"라고 단호하게 대답했다.

벤 호건은 원래 왼손잡이였지만 오른손잡이 골퍼가 됐다. 처음에는 스트롱 그립이었다가 위크 그립으로 그립을 바꾸기도 했고, 백스윙 탑을 플랫하게 바꾸기도 했다. 고질적인 훅에서 벗어나기 위한 노력이었다. 결국 역사상 가장 아름다운 페이드 샷을 구사하게 됐다. 사실 현대 골프에서 '몸통 스윙바디턴 스윙'을 추구하는 수많은 교습가의 기본 개념은 벤 호건의 스윙 이론이다. 그 시절에 이미 벤 호건은 "두 손은 클럽을 쥘 뿐, 클럽을 휘두르는 것은 팔이다. 그리고 그 팔은 몸통에 의해 휘둘러진다"라는 말을 했으니까.

벤 호건은 수많은 명언도 남겼다.
"드라이버는 쇼이고 퍼팅은 돈이다."
"골프는 그린 주변 70야드에서 결정된다."
"하루를 연습하지 않으면 나 스스로 안다. 이틀을 연습하지 않으면 갤러리가 안다. 사흘을 연습하지 않으면 온 세상이 안다."

벤 호건이 한 명언 중 가장 좋아하는 말이 있다.
"당신이 재미있어하는 한, 당신의 골프는 는다."

'우리는 지금 타이거 우즈의 시대에 살고 있다'라는 말을 들어본 적 있을 것이다. 잭 니클라우스가 활약할 당시라면 '우리는 지금 잭 니클라우스 시대에 살고 있다'라고 했을 것이다. 잭 니클라우스는 타이거 우즈와 비교하는 유일한 선수다. 어쩌면 우즈가 잭 니클라우스에 비교되는 유일한 선수일지도 모른다. '누가 더 위대한가?'에 대한 의견을 묻는 조사와 칼럼도 수없이 많다.

잭 니클라우스는 1940년 오하이오주 콜럼버스에서 태어났다. 그의 아버지 찰리 니클라우스가 지역에서 니클라우스 약국을 여러 개 운영했기에 유복한 가정이었다. 아버지 찰리는 오하이오 주립대학교의 미식축구 선수였다. 스크래치 골퍼였고, 지역의 주니어 테니스 챔피언이기도 했다. 사실 잭 니클라우스도 몇 개 대학에서 농구선수로 입학 제안이 왔을 정도로 운동에 재능이 많았다. 아버지 유전자를 물려받아 미식축구에도 뛰어난 실력을 보였다.

잭은 어린 시절부터 골프 재능이 남달랐다. 12세에 오하이오주의 주니어 타이틀을 획득했고, 13세에는 70타를 깼다. 니클라우스는 10세에서 17세까지 오하이오 지역의 27개 대회에서 우승했다. 아버지의 뒤를 이어 오하이오 주립대에 입학한 니클라우스는 US오픈 아마추어대회에서 두 번 우승했고 NCAA챔피언십에서 우승했다. 1961년에는 US오픈 아마추어와 NCAA챔피언십에서 같은 해에 우승한 최초의 선수가 됐다. 나중에 필 미켈슨과 타이거 우즈, 브라이슨 디섐보가 이 기록을 이었다. 1960년 아마추어 신분으로 출전한 잭은 당시 최고 스타였던 아놀드 파머에게 2타 뒤진 2위를 기록했다. 니클라우스는 2언더파를 기록했는데, 이는 2019년 빅토르 호블란이 기록을 경신하기 전까지 아마추어 역대 최저타였다.

잭은 1961년에 프로로 전향했다. 프로가 된 후 첫 우승이 US오픈이었다. 플레이오프까지 간 끝에 3타차로 우승을 차지했다. 이때 상대 선수가 아놀드 파머였다. 아놀드 파머와 잭 니클라우스의 '라이벌 시대'가 시작되는 순간이었다. 둘의 나이 차이는 11살이었다.

아놀드 파머는 당시 '왕The king'이라고 불리는 인기 절정의 선수였고, 잭은 오하이오 출신의 다소 촌스럽고 투박한 청년이었다.

역대 다승에서 잭은 73승으로 3위고, 파머는 62승으로 5위다. 언뜻 보면 10승 정도밖에 차이가 안 나지만, 메이저대회 승수에서는 큰 격차가 있다. 잭은 역대 통산 1위인 메이저대회 18승이다. 파머의 7승보다 무려 11승이나 많다. 메이저대회 승수가 18승이다 보니, 잭 니클라우스는 세 번의 커리어 그랜드슬램을 달성했다. 파머는 PGA챔피언십에서 우승하지 못해 커리어 그랜드슬램을 완성하지는 못했다. PGA챔피언십에서 2위를 세 번이나 했다. 둘은 맞수였지만 나이를 초월한 친구였다. 아놀드 파머의 아내가 사망했을 때, 잭 니클라우스는 아들 개리 니클라우스의 퀄리파잉 스쿨에 응원하러 갔음에도, 대회 중에 아놀드 파머에게 조문을 갔다. 잭의 아들 개리 니클라우스는 투어 카드를 획득하게 되었고 잭과 파머 두 사람이 포용했다는 일화는 유명하다.

잭 니클라우스가 골프 역사에 가장 위대한 업적을 쌓은 선수였다면, 아놀드 파머는 골프 역사상 가장 인기 있는 선수였다. 파머는 잭의 메이저대회 트로피를, 잭은 파머의 인기를 부러워했다고 한다. 불행인지 다행인지 둘 다 가질 수는 없었다.

잭 니클라우스의 메이저대회 18승은 타이거 우즈도 깨기 불가능하다는 기록이다. 특히 1986년 잭 니클라우스가 46세에 우승한 마스터스는 1962년 US오픈에서 우승한 지 24년 만에 또 한 번의 메이저대회 타이틀을 차지한 대회이다. 당시 스포츠 칼럼에서는 "1980년 레이크 플래시드 올림픽 아이스하키에서 미국팀이 소련팀을 꺾은 것만큼, 잭 니클라우스가 65타로 46세에 우승하는 일은 절대 일어날 수 없는 일이었다"라고 표현했다.

작가 켄 보우덴은 이런 말을 했다. "잭 니클라우스보다 스윙이 아름다운 골퍼는 있었다. 볼 스트라이킹이 더 좋은 골퍼도 있었고, 숏게임을 더 잘하는 골퍼도 있었다. 잭 니클라우스보다 퍼팅을 잘하는 선수도 있었다. 그러나 잭 니클라우스만큼 스킬과 멘탈을 함께 발전시킨 골퍼는 없다."

100년이 훌쩍 넘은 PGA 역사상 통산 승수로 18승을 넘는 선수가 50명이 안 된다. 짐 퓨릭의 통산 17승도 잭 니클라우스의 메이저대회 우승 횟수보다 적다. 그만큼 잭 니클라우스는 큰 경기의 사나이다. 메이저대회의 남자다. 그의 이름 잭 니클라우스는 골프장 이름이고, 골프 옷 이름이기도 하다. 심지어 그의 별명 '골든 베어 golden bear'라는 브랜드도 있다.

그가 남긴 명언, "골프는 50퍼센트가 멘탈, 40퍼센트가 셋업, 10퍼센트가 스윙이다"라는 말은 오늘도 골퍼들이 마음에 새기고 또 새기는 금언이다.

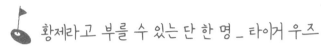

황제라고 부를 수 있는 단 한 명 _ 타이거 우즈

어떤 스포츠든 황제라고 부를 수 있는 선수는 한 명이다. 테니스 황제 페더러가 그랬고, 농구황제 마이클 조던이 그랬다. 골프에서 아놀드 파머는 '왕The King'이라 불렸는데, 타이거 우즈는 '황제'라 부른다. 타이거 우즈는 마이클 조던과 자주 비교된다. 어떤 사실은 이 둘 사이 '평행이론'의 근거가 된다. 둘은 아마추어 때부터 뛰어난 실력을 입증했다. 우즈는 US 아마추어 챔피언을 3연패 했고, 같은 해에 NCAA전미 대학선수권 챔피언십에서 우승했다. 조던은 1982년 NCAA에서 우승을 했다. 둘은 21세로 프로에 전향한 나이도 같다.

우즈는 스탠퍼드대학 2년을 마치고 프로가 되었고, 조던은 노스 캐롤라이나대학 3년을 마치고 NBA 드래프트에 참여했다. 조던과 우즈는 둘 다 프로 첫해에 신인왕을 거머쥔다. 우즈는 7경기 만에 2 승을 거두며 신인왕을 확정했고, 조던은 신인으로 전 경기에 출장 하며 신인상의 주인공이 되었다. 둘을 상징하는 색은 빨간색이다. 최종 라운드에 빨간 셔츠를 입는 우즈의 '선데이 레드'는 지금도 그 의 시그니처 컬러다. 조던의 시카고 불스 유니폼은 또 어떠한가. 붉 은 유니폼을 입은 조던의 그 강렬함은 클래스가 다르다. 조던은 농 구화의 역사를 바꾼 '에어 조던'의 창시자고, 우즈는 나이키 TW 시 리즈 모델이다. 우즈는 22.8퍼센트의 우승 확률을 갖고 있다. 다섯 번 출전하면 한 번 이상 우승한다. 메이저대회 승률도 20퍼센트에 가깝다18.51퍼센트. 조던은 NBA 파이널에 6회 진출에서 6회 우승했 다. 조던의 시그니처 무브가 페이드 어웨이였다면, 우즈는 타이거 킥으로 만들어낸 파워 페이드였다. 둘은 '어퍼컷 세리머니'도 닮았 다. 둘은 1963년생과 1975년생으로 같은 토끼띠다.

우즈는 기록의 사나이다. 일단 역대 최다승82승은 샘 스니드와 같다. 그중엔 메이저대회 15승도 있다. 우즈는 PGA투어에서만 업 적을 거둔 것이 아니다. 유러피언투어에서도 41승을 거둬 역대 3위 다. 세베 바예스테로스의 50승과도 그리 큰 차이가 나지 않는다. 위 대함이라는 말로도 부족한 수많은 그의 기록과 업적 중에 가장 경 이로운 것은 '세계랭킹 1위 기간'이다. 무려 13년이다. 13년 동안

투어 카드를 유지하며 투어에 남는 것도 힘든 치열한 경쟁의 무대에서, 그는 2위로도 내려오지 않았다. 역대 2위는 우즈의 반에도 못 미치는 그렉 노먼의 331주다. 역사상 이렇게 긴 기간 동안 한 스포츠 분야를 지배했던 선수가 있었을까?

우즈는 특이한 기록도 많다. 2000년 세인트 앤드류스 올드코스에서 열린 디 오픈 챔피언십에서는 4라운드 동안 단 한 번도 공이 벙커에 들어가지 않았다. 올드코스는 112개의 벙커가 있는 악명 높은 코스이지 않은가. 2006년 디 오픈에서는 4라운드 동안 드라이버 티샷을 단 한 번밖에 하지 않았다. 그것도 1라운드에서 한 번. 그는 AT&T 페블비치 대회에서 9홀을 남기고 7타를 뒤지고 있다가 역전한 기록도 있다. 그는 연장전에서 패하지 않는 선수로도 정평이 나 있다. 우즈는 17번의 플레이오프 경기에서 두 번밖에 패하지 않았다.

우즈는 몇 번의 시련도 겪었다. 고질적인 허리 부상으로 활동을 중지했던 시기가 있었고, 스캔들로 인해 투어를 떠났던 시기도 있었다. 최근엔 대형 교통사고를 당하기도 했다. 그의 딸 샘 우즈는 "다시 걸을 수 없을 것 같았던 아빠가 저렇게 당당히 서 있는 것을 보니 아빠는 진정한 승부사다"라는 이야기를 했다.

어느 순간부터 모든 경기는 타이거 우즈가 참가하는 경기와 그렇지 않은 경기로 나뉘는 것 같다. 물론 우즈가 참가하는 경기 수는 줄어들고 있고, 은퇴 이야기도 나오고 있다. 하지만 지난 디 오픈 2라운드를 마치고 마지막 홀에서 눈시울을 붉혔던 우즈의 모습은 그가 그동안 자신뿐 아니라 우리에게 얼마나 많은 일을 했는지 생각하게 한다.

그는 바이런 넬슨을 뛰어넘는 역대 최소 평균타수68.17를 갖고 있지만, 커리어 그랜드슬램을 넘어 4개의 메이저를 2년에 걸쳐 연속 우승해서 '타이거슬램'이란 조어를 만들어냈다. 그런데 내가 그를 좋아하는 이유는 기록에만 있지 않다.

나는 그의 걸음걸이를 좋아한다. 무심한 표정으로 기품 있고 우아하게 걷는 그의 걸음걸이는 가장 타이거답고, 오직 타이거스럽다. 중요한 퍼팅을 성공시키고 난 후의 다소 과격한 세리머니도 좋아한다. 황제는 최전방에서 싸우는 전사처럼 용맹했고 그 승리의 순간을 위해 누구보다 열심이었다. 지금도 그의 하루 일정을 보면 연습과 단련의 연속이다. 천재로 태어났을지는 몰라도 천재성을 유지하게 하는 것은 노력이다.

잭 니클라우스와 함께 멘탈이 역대로 가장 강하다는 타이거가 2019년 마스터스 토너먼트처럼 다시 돌아올까? 언젠가 인류에게 할 일을 다 하고 특유의 미소와 함께 손을 흔들며 떠나겠지만, 지금만으로도 충분하고 넘치는 타이거 우즈에게 '한 번 더!'를 기대한다.

대한민국은 여자 스포츠가 강한 나라다. 올림픽 최초 구기종목 메달은 여자 배구였고, 은메달은 여자 농구였다. 대한민국 여자 양궁은 몇십 년 동안 챔피언 자리에서 내려온 적이 없다. 골프도 마찬가지다. 구옥희는 1988년 미국 LPGA 대회에서 한국인 최초로 우승했다. 박세리, 김미현, 박지은으로 이어져 온 오늘날 대한민국 여자골프는 세계 최고 수준이다. 이에 비해 한국 남성골퍼에게 세계의 벽은 높기만 했다. 메이저리그가 그들만의 리그였듯이, PGA는 그들만의 투어였다. 그들만의 투어가 우리들의 투어가 될 수도 있음을 증명한 최초의 대한민국 골퍼가 최경주다. 야구에 박찬호가 있다면 골프엔 최경주가 있다. 최경주는 아직도 현역으로 뛰고 있다.

최경주는 1970년생이다. 이는 호적상의 나이고 실제 나이는 두 살 많다는 말도 있다. 그의 아버지는 전남 완도에서 미역 양식을 하고 농사를 지었다. 어린 시절 물고기를 나르고 소여물을 옮기며 바다와 밭에서 일하면서 하체가 단련되었다는 고백을 들은 적이 있다. 그의 출중한 벙커샷에 관해 이야기할 때마다 완도 명사십리 바닷가 모래 위에서 벙커샷 훈련을 했다는 이야기 역시 전설처럼 알려져 있다.

최경주는 중학교 시절까지 역도선수였다. '탱크'라는 지금의 별명도 소년 시절 역도로 단련한 신체에서 비롯됐다. 고등학교에 진학한 후 최경주는 처음으로 골프채를 잡는다. 처음 휘두른 골프채로 140미터를 날렸는데, 나중에 확인해보니 그것이 7번 아이언이었다고 한다.

남들보다 늦은 나이에 골프에 입문했고, 군 전역 후인 1994년부터 프로골퍼의 길을 걷는다. 1995년 팬텀오픈 우승을 시작으로 두 차례나 한국오픈에서 우승하는 등 일찍 두각을 나타냈다. 1999년에 드디어 PGA 퀄리파잉 토너먼트를 거쳐 투어 카드를 획득한다. 대한민국 남성골퍼로는 최초의 일이다. 이때부터 최경주를 말할 때 '대한민국 최초'라는 수식어가 앞에 붙기 시작한다. 2002년 컴팩 클래식에서 대한민국 최초로 PGA 우승자가 된다. 2004년에는 마스터스 토너먼트에서 3위를 기록한다. 최경주는 당시 인터뷰에서 "마스터스 3위에 오르고 나니 미국인들이 알아보기 시작했다"라고 말하기도 했다. 특히 2007년 AT&T 인터내셔널 마지막 라운드 17번 홀에서는 벙커샷이 환상적으로 홀에 들어가면서 7승째를 거뒀다. 벙커샷이 홀에 들어간 후 모자를 벗고 정중하게 인사하는 최경주의 모습은 지금도 그의 시그니처 영상이 되었다. 새벽에 중계를 보던 나는 그의 벙커샷을 보고 온몸에 전율을 느꼈다. 지금도 가끔 그 영상을 보곤 한다.

최경주 커리어의 정점은 2011년 플레이어스 챔피언십이었다. 투어 7승을 거뒀지만 메이저 우승이 없었던 최경주에게 '제5의 메이저'라고 하는 플레이어스 챔피언십 우승 기회가 온 것이다. 데이비드 톰스와의 연장 승부 끝에 최경주는 본인 커리어에서 최대성과인 플레이어스 챔피언십의 챔피언이 되었다. 당시 플레이어스 챔피언십은 총상금이 4대 메이저대회보다도 200만 달러가 많았다. 최경주는 우승상금으로 171만 달러를 획득했다. 그중 20만 달러를 토네이도 피해자 구호를 위해 기부했다.

나는 최경주가 투어 10승을 채우고 메이저대회에서 우승하기를 응원했지만, 그 후 최경주는 우승 소식을 전하지 못했다. 그러나 그렇게 커리어가 끝나면 최경주가 아니다. 최경주는 2021년 시니어 투어인 퓨어 인슈어런스 챔피언십에서 베른하르트 랑거를 2타 차로 제치고 10년 만에 우승을 거뒀다. 챔피언스투어 우승도 대한민국 최초다.

최경주의 스윙은 요즘 선수들처럼 파워풀하거나 스윙 교본 같은 정석에 가깝지 않다. 어쩌면 주변의 주말골퍼 중 고수의 스윙과 비슷하다고 할 수 있다. 그런데 페어웨이를 걷는 모습이나 그린에서 경사를 보는 강렬한 눈빛에서는 진짜 프로의 힘이 느껴진다. 때론 매서운 검객 같다. 그와 동반 플레이하는 외국 선수들은 최경주의 검은 피부와 강인한 인상에 약간의 두려움을 느낄 듯하다.

최경주는 한국투어에서 16승을 거뒀다. 일본투어와 유러피언투어에서 1승을 기록했고, 아시안투어 6승을 거뒀다. PGA투어 8승을 합하면, 명실공히 전 세계 투어에서 놀라운 성적을 거둔 유일한 대한민국 선수다. 물론 이러한 성과도 위대하지만, 무엇보다 최경주의 진정한 위대함은 그가 가는 길이 첫 번째 길이 되었다는 데 있다. 최경주가 아니었다면 양용은이 아시아인 최초로 메이저대회인 PGA챔피언십에서 우승할 수 있었을까? 지금 활약하고 있는 임성재, 김시우, 이경훈, 김주형 선수에게도 개척자 선배 최경주가 있었다. 박세리를 보고 골프를 시작한 선수들을 '세리 키즈'라고 한다. 지금 해외에서 활약하는 모든 남자골프 선수들은 '탱크의 후예'다.

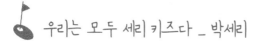

우리는 모두 세리 키즈다 _ 박세리

대한민국 골프는 박세리 이전과 박세리 이후로 나뉜다. 박세리
는 좁은 길을 큰길로 넓혔다. 하나의 길을 여러 길로 만들었다. 누
군가 오르지 못할 벽을 오르고 나면, 뒷사람에게는 이미 더 오르지
못할 벽이 아니다. 박세리는 먼저 올랐고, 그곳이 멀고 높아 보일지
라도 누구든 오를 수 있다는 사실을 증명했다. 손흥민 선수가 월드
클래스인지 아닌지를 주제로 논쟁을 한 프로그램이 있었다. 의외로
의견은 팽팽했다. 뛰어난 선수이긴 하지만 아직 월드클래스는 아니
라는 의견도 만만치 않았다. 세계 수준이란 그런 것이다. 박세리는
누가 뭐래도, 의심의 여지 없는 월드클래스다. 아니카 소렌스탐, 캐
리 웹, 박세리라는 이 빅 3는 LPGA 역사상 가장 기술적으로 뛰어
났던 경쟁자들이었다. 박세리가 뿜는 필드 위에서의 카리스마는 두

명의 세계적인 강자를 압도했다. 우리는 박세리로 인해 골프의 변방이 아닌 세계의 골프 중심국이 된 느낌이었다.

박세리는 미국 무대로 진출하기 전에 이미 한국에서 6승을 거둔 스타였다. 특히 1992년엔 중3 아마추어 신분으로 초대받은 KLPGA 대회에서 우승했다. 당시의 KLPGA가 지금 수준과는 차이가 있었다고는 해도, 15세 나이에 정규투어 우승이라니 놀라울 뿐이다. 이러한 재능과 성과에도 불구하고 그녀가 미국 진출을 발표했을 때 그녀의 성공을 예감했던 사람은 많지 않았다. 그때는 우리도 몰랐다. 우리나라 여성골퍼들이 세계무대의 중심에 서게 될 줄을….

1998년에 박세리는 LPGA 신인으로 2승을 거뒀다. 구옥희 이후 처음으로 이룬 성과였다. 그 2승은 맥도널드 LPGA챔피언십과 US오픈이라는 메이저대회에서였다. 처음 2승을 메이저대회에서 거뒀고, US오픈은 당시로는 최연소 우승이었다. 나는 지금도 그 경기를 잊지 못한다. 그 시대를 살았던 대한민국 사람들은 다 그럴 것이다. IMF였다. 회사에 출근하면 선배가, 동료가, 함께 입사했던 동기들이 회사를 그만두는 그런 날들이었다. 아마 대한민국 현대 역사상 가장 위대한 장면 중 하나를 꼽으라고 하면, 그날 박세리의 맨발

샷이 순위에 있지 않을까? 힘들 때마다 고난과 역경의 순간에 가장 먼저 떠오르는 영상 역시 그 장면일 것이다. 그 장면은 '세리 키즈'를 잉태시켰다. 세계무대에서 골퍼로서 우승하는 것이 얼마나 대단한 일인지 평범한 대한민국 사람도 알게 됐고, 그게 우리에게도 가능한 일임을 그녀의 맨발이 증명했다. "박세리 같은 선수가 될 거예요"가 시작된 것이다. 박인비가 그랬고 최나연이 그랬다. 고진영도 조금 어린 세리 키즈였다. 2021년 가을 고진영이 대한민국 선수의 LPGA 통산 200승을 달성했다. 1988년 구옥희가 첫 승을 한 이래 33년 만에…. 두 번째 우승한 박세리 이후 23년 만에….

34명의 대한민국 선수가 200승을 기록했다. 대단하지 않은가. 적어도 여자골프만큼은 대한민국 사람으로서 자부심을 가질 만하다. 200승 중 25승이 박세리 몫이다. 박세리는 1998년 첫 승을 했고 2010년 마지막 우승을 했다. 2002년엔 5승을 거뒀다. 2003년 엔 최저타상인 베어트로피를 수상했다. 그녀의 우승 중엔 메이저대회 우승이 5승이다. 전체 우승의 20퍼센트가 메이저대회 우승이다. 그리고 2007년에 세계 골프 명예의 전당에 헌액됐다. 박세리가 얼마나 승부사인지는 그녀의 통산 연장전 성적에서 알 수 있다. 총 6번 플레이오프를 치렀는데 6승 무패다. 한마디로 '연장 불패'다. 타이거 우즈의 15승 2패와 비견될 만하다.

박세리는 이런 놀라운 성적에도 불구하고 공식적으로 세계랭킹 1위에 오른 적이 없다. 전성기였던 2000년부터 2003년까지도 줄곧 상금 랭킹 2위였다. 박세리가 5승을 거둔 2002년에 아니카 소렌스탐은 11승을 거뒀다. 캐리 웹과 함께 역대 최강자들이 군림하던 시기에 활약했기에 그렇다. 박세리는 타이거 우즈와 같은 세대다. 미국 진출 연도로는 타이거 우즈보다 2년 늦지만, 프로 데뷔는 같다. 전 세계가 타이거 열풍이었을 때, 타이거가 골프의 새로운 시대를 열 때 대한민국 골프에는 박세리가 있었다. 나도 타이거 우즈를 좋아하지만, 내게 골프채를 잡게 한 것은 박세리였다. 나도 세리 키즈다. 우리 모두가 세리 키즈다.

벤 호건이 말했다

골프는
재미있는 한
실력이 는다

누군가 말했다
실력이 안 늘어서
재미가 없다

진심골프 ⑮

타이거 우즈가 말했다

2등은
첫 번째 패배자다

누군가 말했다
4명 중
2등이

제일 마음 편하다

진심골프 ⑯

사진 : 양희철

슬기로운
골프 생활

골프 시작하고 1년쯤 지났을 때 일이다. 제주도에 촬영이 있어 갔는데, 중간에 하루가 비었다. 골프를 쳐야겠다고 생각했다. 지금 생각하면 그때 내 머릿속에는 골프만 있었던 것 같다. 스태프 중엔 골프 치는 사람이 없어 여기저기 물어봤더니 제주도 한 골프장에서 혼자 가도 조인할 수 있다고 했다. 골프채와 골프화는 빌려야 했다. 60대 부부와 조인을 하게 됐다. 남자분은 공무원을 정년 퇴임했다고 했다. 나는 지금도 그날 두 분의 젠틀함을 잊지 못한다. 말투에서 묻어나오는 품위, 룰을 지키려는 스스로에 대한 엄격함, 처음 보는 초보 골퍼에 대한 배려, 참 많은 것을 배웠다. 우연히라도 골프장에서 만나기를 희망했지만 그렇게 되지는 않았다. 이것이 나의 첫 조인 라운드다. 이후에 여러 골프 앱이 출시되고 재야(?)에서 활동하는 부킹 매니저들이 있어 조인 라운드는 꽤 대중화되었다.

조인 라운드는 치고 싶을 때 칠 수 있다는 장점이 있다. 요즘 골프장의 행태 중에 가장 화나는 제도가 '4인 필수'다. 4명이 한 팀을 만들고 날짜를 정하는 것도 일이라면 일이고, 내가 원하지 않는 날짜에 맞춰야 할 때도 많다. 전날 오래전부터 약속한 술자리가 있을 수 있고, 라운드가 끝나고 바로 다음 일정이 있을 수도 있다. 조인 라운드는 이런 부담이 없다. 내가 원하는 날, 심지어 갑자기 내일 골프가 치고 싶으면 조인해서 칠 수 있다. 아침에 조인해서 오후에 치는 골퍼도 있다. 또 마감이 임박하면 임박할수록 저렴하게 칠 수 있다는 장점이 있다. 티타임이 없어질 수 있으니 가격을 내릴 수밖에 없다. 특히 부킹 매니저를 통한 조인이라면 말이다. '비밀 유지'라는 장점도 있다. 골프를 금지하거나, 말은 안 해도 골프 치는 것을 싫어하는 문화가 아직도 남아있는 조직이 있다. 프라이버시 존중 차원에서 없어져야 할 문화다. 이런 직장이나 조직에서 남모르게 골프 하기에 조인 라운드는 유용하다. 이기고 싶은 친구나 맞수 몰래 라운드 경험을 쌓기에도 조인 라운드가 최고다.

조인 라운드에 조인하는 골퍼들은 일단 골프를 사랑한다. 그리고 조인 라운드를 많이 해본 경험으로 볼 때 사람들이 다 좋다. 개인적으로 골프를 즐기고자 하는 사람들이다 보니 젠틀하면서 선을 넘지 않는다. 간혹 '얼마나 같이 칠 사람이 없어서 조인까지 하냐'는 시선이 있긴 한데, 분명히 말해두고 싶다. 멤버가 없거나 친구가 없어서 조인하는 사람들이 아니다. 골프를 정말 좋아하기에 조인까지 하는 것이다. 조인 라운드를 하면 골프만 치면 된다. 선후배 관계도 없고 갑을 관계도 없다. 나이가 다르고 성별이 다르지만, 이에 대한 약간의 배려만 필요할 뿐 모두 평등한 관계다. 먹기 싫은 막걸리를 먹을 이유도 없다. 내기를 안 해도 된다. 그냥 골프만 잘 치면 된다.

조인하면 더 많은 골프장을 다녀볼 수 있다. 구력이 3년 된 내 지인은 수많은 조인 라운드를 통해 구력 10년 된 사람보다 더 많은 골프장을 다녔다. 대화를 나누다 보면 "거기도 가봤어?" 하고 놀랄 때가 많다. 4명이 한 팀을 짜면 멀다고 꺼릴 수 있는 곳도, 혼자서 가니 어디든 갈 수 있다. 몽베르 CC에서 조인으로 새벽 라운드를 하는데 그중 한 명이 경기도 서부 끝에서 200킬로미터 이상 운전해서 왔다고 했다. 조인은 멀어도 가게 하고, 갈 수 있다. 모르는 사람과 골프 하면 멘탈도 좋아진다. 편한 사람, 오랫동안 알고 지냈던 사람이 아닌, 그날 처음 보는 사람과의 라운드에서 긴장하지 않고 편한 마음으로 본인의 골프에 집중할 때 자신감이 생긴다.

이렇게 장점이 많은 조인 라운드에도 지켜야 할 에티켓이 있다. 시간은 반드시 지켜야 한다. 특히 동반자들이 불안하지 않도록 스타트에 일찍 나와 있어야 한다. 늦어도 누가 늦는지 아무 정보가 없으니 그렇다. 멀리건을 과하게 쓰는 것도 해서는 안 될 일이다. 처음 만난 사람들일수록 기회와 시간을 공평하게 나눠야 한다. 컨시드는 어느 정도로 할지 미리 정하는 것이 좋다. 퍼터 길이로 할지, 그립을 뺀 퍼터 길이로 할지 말이다. 가끔 조인 라운드를 하면 지나치게 개인적인 질문을 많이 하는 동반자가 있다. 몇 살인지, 무슨 일을 하는지, 어디에 사는지, 관심의 표현이지만 뒷조사처럼 느껴지는 지나친 관심은 지양하자. 조인으로 온 골퍼에게 음주나 내기를 강요하는 것도 좋지 않다. 어떤 골퍼는 그게 싫어서 조인한 것인지도 모르니까.

평상시 라운드에서 지켜야 할 것 잘 지키는 사람이라면 어디서든 환영받을 수 있다. 누군가 내게 "조인 라운드 그거 어때?"라고 질문하면 대답은 늘 같다. "조인 라운드, 조인하세요!"

　외국에 골프 하러 가면 사람들이 하는 말이 있다. "한국 사람은 딱 보면 알겠어." 이는 표정이나 말투, 걸음걸이만의 이야기는 아니다. 골프 패션이다. 몇 가지 특징이 있다. 한국 골퍼들은 토시를 즐겨 착용한다. 화려한 컬러와 눈에 띄는 디자인을 좋아한다. 피부를 소중하게 생각하기에 자외선 차단제를 많이 바르고 최근엔 선 패치도 많이 한다. 한 외국인 친구가 SNS를 통해서 눈 아래 붙인 게 뭐냐고 물어봤던 적이 있다. 세계에서 대한민국 골퍼만큼 골프 패션에 신경 쓰는 사람도 없다. 거리에 패셔니스타가 가득한 만큼 대한민국 필드 역시 패셔니스타의 무대다. 때론 페어웨이가 패션쇼 런웨이가 되기도 한다.

어쩌면 세계 골프 패션은 대한민국의 주말골퍼들이 주도하고 있는지도 모르겠다. 공수부대의 점프슈트를 연상시키는 골프 옷을 입는다. 언뜻 보면 트레이닝복 같은 조거팬츠도 입는다. '벙거지'라고 하는 버킷햇을 쓴 대한민국의 골퍼는 또 얼마나 많은가? 후드를 입고 코스에 등장하기도 한다. 골프 권장 옷차림의 마지막 보루라고 여겼던 칼라 있는 셔츠 대신 라운드 셔츠를 입기도 한다. 시대는 유행을 만든다. 유행에 무심했던 골프가 유행을 주도하는 시대가 됐다. 골린이가 늘었고 그들의 옷차림이 SNS를 통해 널리 퍼지기 시작했다. 골프 옷을 멋지게 차려입은 친구의 사진과 영상을 보면, 왠지 골프를 안 하면 시대에 뒤처지는 것 같은 생각을 하게 만든다. 다양한 브랜드의 골프 옷을 빌려주는 서비스도 생겼다.

그런데 이 패션에 돈이 너무 많이 드는 것이 문제다. 일주일에 하나씩 골프의류 브랜드가 론칭된다는 말도 들린다. 그러다 보니 작년에 유행했던 브랜드나 디자인은 1년 지나니 다시 꺼내 입기 싫다는 골퍼가 있다. 가격은 또 어떤가? 골프에 진심인 골퍼들을 이용해 사심을 채우는 것은 아닌가? 셔츠 하나에, 스커트 하나에, 양말 하나에 이렇게 비쌀 일인가? 대한민국처럼 골프 하는 데 비용이 많이 들어가는 나라가 어디 있는가? 그 비용 중에 옷이 너무 비싸서 못 치겠다는 사람들도 있다.

여기서 몇 가지 생각해볼 것이 있다. 꼭 골프 옷을 입어야 하나? 필드에서 한 친구에게 '이 셔츠 예쁜데?'라고 얘기했더니, 골프 옷이 아니라고 한다. '그 바지 예쁘다'라고 했더니 골프 옷이 아닌 비교적 저렴한 스파 브랜드라고 했다. 나는 아직도 테니스복과 골프복, 배드민턴복의 차이를 모르겠다. 골프 브랜드 로고가 새겨있어야 골프 모자는 아니다. 반드시 골프 브랜드만 고집할 필요는 없다. 지금 옷장을 열어 옷을 보자. 분명 골프 옷으로 입을 수 있는 옷이 있을 것이다. 그것도 멋진 골프 옷이….

개인적인 취향이지만 골프 패셔니스타인 지인은 절대 로고나 브랜드가 크게 프린트된 옷은 사지 않는다고 한다. 그 브랜드 인기가 언제 사라질지 모르기에. 골프 옷 브랜드 사이클은 생각보다 짧다. 브랜드 보고 산 옷인데 브랜드 때문에 안 입게 될 수도 있다는 말이다. 해마다 유행하는 컬러가 있다. 원색이 유행할 때가 있고, 무채색이 유행할 때가 있고, 파스텔톤이 유행할 때가 있다. 한 골프 패션 종사자는 유행과 상관없는 컬러는 역시 블랙과 화이트라고 했다. 이 두 가지 컬러 상·하의를 갖고 있으면 어떤 컬러와 매칭해도 잘 어울린다고 했다. 유행과 관계없는 것이 아니라 블랙앤화이트는 항상 유행인지도 모르겠다.

모자나 양말 같은 소품을 다양하게 연출해서 색다르게 코디한 느낌을 주는 것도 실용적이다. 모자 하나 바꿔도 스타일이 확 달라 보일 수 있다. 골프 옷의 역할은 운동복만이 아니다. 적어도 한국에서는 그렇다. 필드 밖에서는 그리 과감해 보이지 않았던 사람도 필드 안에서는 용감무쌍한 패션을 선보일 때가 있다. 노란색, 보라색을 필드가 아니면 어디서 입겠는가? 과감한 컬러의 골프 옷을 입게 되면 적어도 이 사람이 '골프 패션에 신경 쓰고 있구나' 하는 노력이 엿보인다.

　좋은 옷을 이기는 것이 좋은 스윙이고, 좋은 스윙을 이기는 것이 좋은 매너다. 분명한 것은 옷도 매너다.

나에게 맞는 골프채가 좋은 채다

골프 시작하고 가장 고민스러운 것 중 하나가 골프채다. 골프를 먼저 시작한 선배나 친구에게 물어봐도 정확한 답변을 얻을 수 없고, 프로샵 직원에게 물어봐도 돌아오는 답은 대체로 막연하다. 개인적인 생각인데, 골프 시작할 때 처음부터 새 채를 살 필요는 없는 것 같다. 주변에 아는 사람이 안 쓰는 골프채가 있다면 그 클럽으로 시작하면 된다. 아무리 짧게 잡아도 처음 6개월은 스윙이 만들어지는 단계다. 내가 얼마나 스피드를 낼 수 있는지, 발전 속도는 얼마나 빠른지 이 기간에 예상하기는 어렵다. 선물 받은 골프채로 시작했는데, 몇 개월 만에 그 골프채가 나랑 안 맞아 난감했던 경험은 없었는가?

시작하는 사람이 어떤 골프채가 맞는지 판단하는 기준은 의외로 비과학적이다. 이 정도 나이면, 이 정도 체격이면 이 정도 샤프트 강도는 돼야 한다는 기준 말이다. 이게 반드시 맞는 것은 아니다. 그리고 원래 운동 신경이 있으니까, 금방 잘 칠 거 같으니까 처음부터 중·상급자 이상의 골프채를 선택하는 것은 중·상급자가 되기도 전에 흥미를 잃게 만들지도 모른다.

몇 가지 중요한 선택 옵션이 있다. 가장 중요한 것은 샤프트 강도와 재질이다. 샤프트는 강도가 센 것부터 X, S, SR, R, A, L 등으로 나눈다. 아이언은 스틸샤프트, 경량 스틸, 그라파이트 재질이 있다. 사실 피팅을 전문적으로 하지 않는다면 이 구분은 별 의미가 없다고도 할 수 있다. 같은 SR을 쓰지만, 골퍼의 스피드 차이는 그 안에서 존재할 테니까. 샤프트는 본인의 헤드 스피드에 맞춰야 하지만, 본인만의 느낌도 중요하다. 정확한 스피드를 알고 반드시 시타를 해봐야 하는 이유다. 아이언의 경우, 샤프트에 따라 클럽의 전체 무게가 많이 달라진다. 특히 본인의 힘에 비해 벅찬 무게는 아닌지 점검할 필요가 있다. 남자들끼리는 샤프트의 강도나 무게가 '남자다움'의 상징처럼 보이기도 하는데, 허세다. 스코어는 현실이다. 어느 날 갑자기 클럽의 무게가 벅차게 느껴질 수도 있다.

나이와 신체 변화에 따라서도 느낌이 달라질 수 있다. 클럽 교체를 고려해봐야 할 때다. 아이언은 클럽 헤드 뒷부분에 공간을 만들고 무게중심을 아래쪽에 두는 '캐비티'가 있느냐, 없느냐의 차이다. '캐비티백'과 '하프 캐비티백'이 있고, 캐비티백 없이 마치 근육처럼 뒷부분이 꽉 차 있는 헤드가 '머슬백'이다. 머슬백은 헤드가 작고 헤드 밑부분인 '솔sole'도 좁다. 머슬백이 헤드가 햇빛에 비치면 반짝반짝 빛나 보여 멋지지만, 초보자들은 감히 다룰 수 없는 검이다. 명기도 다룰 수 있는 사람이 없다면 명기가 아니다. 가끔 초급자 중에 머슬백 아이언을 쓰는 경우가 있다. '언젠간 상급자가 될 테니까'라고 생각하거나, '남자는 머슬백이지. 멋있잖아'라고 허세를 부린다. 그러고는 아이언이 잘 안 맞는다고 힘들어한다. 이런 골퍼를 보면 초·중급자용 아이언으로 바꾸라고 권한다. 말로 안 되면 스크린골프장에 데리고 가서 '이 채 한번 쳐봐'라고 권한다. 아이언을 쉬운 것으로 바꾸고 스코어가 확 줄었다는 피드백을 받는다. 나에게 맞는 채를 고르기 위해서는, 나부터 정확히 알아야 한다.

웨지에는 바운스 각이 있다. 트레일링 에지를 지면에 댔을 때, 리딩 에지와 지면이 만들어내는 각을 바운스 각이라고 한다. 이 바운스 각에 따라 로우바운스, 하이바운스로 나눈다. 바운스 각이 클수록 그린 주변에서 탑핑이 날 확률이 높으니까 참고하자. 반대로 바운스 각이 크면 벙커샷을 할 때, 클럽 헤드가 박히지 않고 잘 빠져나가 벙커에서 쉽게 탈출할 수 있다. 벙커샷이 약한 사람은 바운스가 큰 웨지를 선택하는 지혜가 필요하다. 그린 주변에서 어프로치 샷 실수를 많이 하는 사람에겐 '치퍼chipper' 사용을 권한다. 가끔 "이상하게 생긴 그거 뭐야?"라는 소리를 들을 수 있다. 하지만 치퍼는 명백히 아이언 계열로 분류하는 합법적인 클럽이다. 다시 말하겠다. 허세는 허상이다. 스코어는 현실이다.

퍼터는 블레이드형, 반달형, 말렛형으로 나누는데, 생긴 모양에 따른 분류다. 당연히 장단점이 있고 타법도 다르다. 다른 채와 마찬가지로 직접 쳐보는 경험이 중요하다. 모든 클럽을 사기 전에는 '시타'가 필수다. 프로샵에 없고 친구 백에 있다면 빌려서라도 쳐보자. 쳐보지도 않고 인터넷에서 사는 것은, 얼굴도 안 본 이성과 결혼하는 것과 같다. 아무리 스펙이 맞고 인기 있는 클럽이라도 내 느낌과 맞지 않다면 좋은 채일지는 몰라도 내 채는 아니다.

골프채는 비싸다고 반드시 좋은 것은 아니다. 가장 많이 팔리는 골프채가 좋은 채인 것도 아니다. '나에게 맞아야' 좋은 채다. 공도 잘 맞고, 점수도 줄여줄 클럽이다.

가성비는 골프에도 있다

"오늘 한 푼도 안 썼어요." MZ세대에서 시작한 무소비, 무지출 운동이다. 고물가 시대에 절약을 삶의 태도로 인식하고 돈을 안 쓰는 챌린지다. 빈 병을 모으고, 도시락을 싸가고, 커피는 회사에서만 마시고 돈은 안 쓴다. 극단적인 챌린지는 '일주일에 0원 쓰기'도 있다. 이 챌린지를 생각하면 몇 시간 만에 몇십만 원을 골프장에 내고 오는 골프는 그 비용이 사악하기 그지없다. 유독 대한민국만 그렇다. 얼마 전 일본에서 그린피 7만 원에 식사까지 했다는 어느 지인의 말을 들으면서 '한국의 골프업계는 골프를 사랑하는 진심을 사심으로 채우는 것은 아닌지'라는 생각을 했다.

골프에 가성비라는 것이 존재할까? 골프장을 보자. 서울에서 가까운 곳은 비싸다. 가격이 내려가면 내려갈수록 우리의 운전 거리는 늘어난다. 군 골프장은 상대적으로 저렴하지만 부킹이 쉽지 않다. 거의 복권에 당첨되는 수준이다. 휴가지가 아니면서 좀 멀리 있는 골프장을 찾아보자. 멀리 있는 골프장에 팀을 짜서 1박 2일 다녀오면 도시 근교 비싼 골프장에서 치는 것보다 확실히 비용이 줄어든다. 여행도 겸할 수 있으니 일거양득이다. 나이트 시설이 좋은 골프장에서 야간라운드를 하는 것도 좋다. 주간과 야간을 가성비로 비교할 수는 없지만, 한여름 불볕더위에는 야간라운드를 선호하는 골퍼도 많다. 그린피는 물론 3인 라운드가 가능하다는 장점도 있다.

그린피가 부담스러우면 부대비용을 아껴보자. 첫 번째는 '노캐디 라운드'다. 캐디는 당연히 플레이에 많은 도움을 준다. 하지만 라운드가 끝나고 1인당 4만 원씩은 걷어야 하는 캐디피도 적지 않은 돈이다. 노캐디 라운드를 끝내고 동반자들이 하는 말이 있다. "돈 안 걷으니까 돈 번 느낌인데?" 노캐디 라운드를 두려워하지 말자. 요즘은 대부분 거리측정기가 있지 않은가. 동선만 정확히 인식하고 골프채만 잘 챙긴다면 '노캐디' 역시 비용을 아끼는 방법이다. 인력난으로 인해 앞으로는 더 많은 골프장에서 '노캐디 라운드'를 권장할 것으로 보인다. 골프장에 오갈 때 카풀을 하는 것도 비용을 아끼는 방법이다. 유가와 통행료도 쌓이면 만만치 않다.

골프채가 반드시 최신 모델일 필요는 없다. 국민 아이언이라고 불리는 아이언은 8번째 시리즈가 출시되었다. 과연 7번째와 8번째 모델이 얼마나 큰 차이가 있겠는가. 1년 지난 모델이면 비교적 저렴한 가격에 살 수 있다. 중고채도 나쁘지 않다고 생각한다. 특히 최근 모델인 중고채는 말만 중고지 얼마 쓰지 않은 채도 있다. 부지런하게 발품 팔면 가성비 좋은 채를 찾을 수 있다. 처음 골프를 시작한 골린이라면 주변 친구들이나 지인에게 안 쓰는 채가 있으면 넘기라고 부탁해보는 것도 방법이다. 안 쓰는 골프채를 아주 싸게 넘기거나 혹은 그냥 주는 의인이 나타날 수도 있다.

2피스인지, 3피스, 4피스인지에 따라 가격 차이가 나는 것이 골프공이다. 고가일수록 스핀 양이 증가하고 볼 컨트롤이 쉽다고 하지만, 가격 차이만큼 차이가 있는지는 의문이다. 비거리는 2피스 공이 가장 많이 나간다. 피스가 많을수록 볼 표면이 부드러워 마찰로 인해 볼이 쉽게 상하기도 한다. 특히 비거리가 짧은 골퍼나 여성 골퍼는 군이 비싼 4피스 공을 쓸 필요 없다.

최근에 골프를 시작했던 MZ세대 중에 많은 골린이가 골프를 그만뒀다는 기사를 봤다. 그래서 골프채와 골프 옷이 중고 마켓에 많이 나왔다는 이야기도 들었다. 남들이 다 해서 시작했는데 비용이 너무 비싸 포기하고 테니스로 갈아타고 있다는 소문도 들었다. 모두 비정상적인 골프 비용 탓이다. 세계에서 골프를 가장 사랑하는 나라가 골프 비용이 가장 비싸다니…. 참 아이러니하다.

"골프는 세 명의 친구로 시작해서 세 명의 적으로 돌아오는 운동"이란 말이 있다. 그만큼 예민한 신경전과 서로 감정을 상하게 할 요소가 많다는 뜻이다. 심판이 없는 게임이다 보니 룰에 관한 의견이 분분하다. 룰이 아닌 에티켓 문제로 동반자들 사이에 마음이 상하기도 한다. 그럼에도 골프만큼 사람과 친해지기 쉬운 운동은 없다. 일단 라운드 시간이 길다. 때론 카풀로 이동도 같이 한다. 한국 골프장은 대체로 한 시간 이상 운전해서 가야 하니, 차 안에서도 친해질 수 있는 시간이 충분하다. 그렇다 보니 골프가 인연이 되어 오래도록 좋은 관계를 유지하는 사람이 많다. 동호회에서 만난 또래와 평생 친구가 되기도 하고, 비즈니스 골프로 만났던 파트너가 비즈니스 관계를 떠나도 골프로 계속 인연을 이어가기도 한다. 물론 친해지고 싶다고 다 친해지는 것은 아니다. 몇 가지 요령이 있다.

첫 번째는 '잘난 척하지 않기'다

골퍼의 실력은 스스로 자랑하는 것이 아니다. 남들이 인정해주는 것이다. "어제 어디 갔는데, 몇 개 쳤어⋯", "나, 옛날에 이 골프장에서 70대 쳤는데" 같은 이야기는 골퍼가 듣기 싫어하는 이야기다. 모두 왕년의 나를 얘기하고 싶겠지만, 그것을 참는 것도 에티켓이다. 말이 아닌 샷으로 보여주자.

두 번째는 '칭찬하기'다

동반자의 마음에 다가가는 가장 좋은 방법은 '칭찬'이다. 칭찬 듣고 기분 나쁘다고 하는 사람이 있는가? 단, 팩트에 기반한 칭찬이라면 효과가 더 좋다. 어느 골퍼가 드라이버 티샷으로 280미터를 날렸다고 치자. 캐디가 "저, 이 골프장에 10년 있었는데, 여기까지 나온 사람 처음이에요"라고 말했다면 이보다 기분 좋은 칭찬이 있을까? 친해지고 싶다면 칭찬하라. 구체적으로 하라. 딱히 없다면, 찾아서라도 하자.

세 번째는 '중계방송 금지'다

나름 친해지려고 친절하게 그 사람의 샷에 대해 방송하듯 중계

한다면 이는 실수다. 왼쪽이네, 오른쪽이네, 짧았네, 길었네…. 세상에 자신의 샷을 옆에서 계속 중계방송하는 사람과 친해지고 싶은 사람이 있나?

네 번째는 '물어보기'다

만일 내가 친해지고 싶은 사람이 나보다 고수라면 그에게 물어보라. "내가 뭐에서 잘 안 되는 거 같아요?" 상대에게 물어본다는 것은 그를 인정한다는 뜻이다. 나를 인정해주는 사람이라면 좀 더 친밀감을 느끼지 않을까?

다섯 번째는 '강요하지 않기'다

사람마다 골프를 대하는 태도가 다를 수 있다. 그 다름을 인정해야 그와 친해질 수 있다. 누군가는 진지한 골프를 추구하고, 누군가는 골프를 편하게 생각한다. '내기가 아니면 무슨 골프를 해'라고 생각하는 사람이 있고, '내기하면 부담돼서 골프가 안 돼'라고 하는 사람도 있다. 일파만파를 규칙인 양 생각하는 골퍼가 있고, 자기 스코어에 엄격한 골퍼도 있다. 서로 친해지려면 자신의 골프를 강요해서는 안 된다. 그렇게 되면 '내가 굳이 저렇게 나와 다른 사람하고 골프를 해야 하나?'라고 생각할 수 있다. 때론 나와 생각이 다른 사람을 배려하는 것도 골프다.

여섯 번째는 '말은 적당히'다

처음 본 사람인데도 유난히 말이 많은 사람이 있다. 말이 많다 보니 그중엔 '구찌'도 자연스레 섞인다. 카트를 타도, 그린 위에서도 끝없이 떠든다. 잠시도 침묵이 흐르는 시간을 못 참는다. 말이 많으면 실수할 수 있다. 집중해서 조용히 치고 싶은 주변 사람을 피곤하게 할 수도 있다.

일곱 번째는 '유쾌하게'다

함께 라운드해보면 가끔 지나치게 비관적인 골퍼가 있다. 이런 골퍼는 동반자의 힘을 빠지게 한다. 어디서나 긍정적인 에너지를 주는 사람이 환영받는다. 골퍼도 마찬가지다. 사람들은 명랑하고 긍정적인 골퍼와 친해지고 싶어 한다. 매사에 비관적이고, 스스로 자책하고, 심지어 욕까지 하는 골퍼와는 거리를 둔다.

골프는 분명 운동이지만 '사교'의 수단이다. 이는 골프의 클럽 문화에서 비롯되었다. 우리는 실제 샷을 하는 시간보다 함께 있는 시간이 더 많다. 때론 몇 번의 술자리보다 한 번의 골프가 우리 사이를 더 가깝게 만든다. 골프의 매력이다.

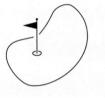

진심골프